2024年度红河学院教育学硕点学科建设项目资助成

2023 年度云南省教育厅科学研究基金项目（项目号

2023 年度云南省教育科学规划项目（项目号：BC

《弟子规》解读

家教智慧

吕进锋 著

DIZIGUI

图书在版编目(CIP)数据

《弟子规》解读 : 家教智慧 / 吕进锋著. -- 上海 : 上海社会科学院出版社, 2024. -- ISBN 978-7-5520-4452-2

Ⅰ. H194.1-49

中国国家版本馆 CIP 数据核字第 2024NL7757 号

《弟子规》解读:家教智慧

著　　者: 吕进锋
责任编辑: 周　霈
封面设计: 裘幼华
出版发行: 上海社会科学院出版社
　　　　　上海顺昌路 622 号　邮编 200025
　　　　　电话总机 021-63315947　销售热线 021-53063735
　　　　　https://cbs.sass.org.cn　E-mail: sassp@sassp.cn
照　　排: 南京理工出版信息技术有限公司
印　　刷: 上海新文印刷厂有限公司
开　　本: 890 毫米×1240 毫米　1/32
印　　张: 6.375
字　　数: 151 千
版　　次: 2024 年 8 月第 1 版　2024 年 8 月第 1 次印刷

ISBN 978-7-5520-4452-2/H·079　　　　定价: 48.00 元

序：经典育德，传承树人

立德树人是教育的根本任务。党的十九大报告明确提出了“四个自信”：道路自信、理论自信、制度自信和文化自信。[①]2021年，在庆祝中国共产党成立100周年大会上，习近平总书记提出坚持“两个结合”的重大论断，即“坚持把马克思主义基本原理同中国具体实际相结合、同中华优秀传统文化相结合”[②]。这让中华优秀传统文化成为文化自信最深刻的注解之一。

新时代背景下，中华优秀传统文化的基础性和根本性地位得到了高度的重视和充分的肯定。如何继承和发扬，如何进行创造性转化和创新性发展中华优秀传统文化的课题隆重地摆在了我们的面前。如何继承好、挖掘好、运用好中华优秀传统文化，推进中华民族伟大复兴中国梦的实现是时代的课题。

中华优秀传统文化是中华文明的智慧结晶和精华所在，是中

---

① 《习近平在中国共产党第十九次全国代表大会上的报告》，《人民日报》2017年10月28日。

② 习近平：《在庆祝中国共产党成立100周年大会上的讲话》，《人民日报》2021年7月2日。

华民族的根脉。正因文化的维系,中华民族才能延续至今。上下五千年的璀璨文明塑造了我们伟大的中华民族,塑造了我们这个伟大的国度。中华优秀传统文化是中国式现代化的特征之一,是中国式现代化发展的土壤。传承中华优秀传统文化是中国式现代化的历史使命。

早在2014年,我国教育部就印发了《完善中华优秀传统文化教育指导纲要》(教社科〔2014〕3号),规划把中华优秀传统文化系统地融入课程和教材体系,分小学低年级、小学高年级、初中、高中、大学等学段,有序推进中华优秀传统文化教育。十年来,中华优秀传统文化教育和研究都取得了丰硕的成果。在优秀传统文化复兴的浪潮中,中华优秀文化经典的解读、编纂、出版方兴未艾。

"中华优秀传统文化创造性转化和创新性发展"①的"双创"方针指出,中华优秀传统文化的传承弘扬要"把握传承和创新的关系,学古不泥古、破法不悖法"。②中华优秀传统文化传扬离不开文化经典的解读和传播。文化经典的解读和传播既要保持文化精华的原汁原味,也要结合时代、国家发展和人才培养要求,将文化经典与当下和未来实践结合,重视文化经典的创造性解读和创新性运用。文化经典的解读要重视"学习者"中心,要契合不同学习者的需求。但无论面向什么学段,什么行业的读者,文化经典的解读都要致力于"信、达、雅"的追求,让经典的解读恰到好处,有根有据,有源有流,阐述要通达明了,通俗易懂,语句要简明优雅,文采

---

① 《习近平:大力弘扬伟大爱国主义精神　为实现中国梦提供精神支柱》,《人民日报》2015年12月31日。

② 习近平:《在中国文联十一大、中国作协十大开幕式上的讲话》,《人民日报》2021年12月14日。

斐然。

在中华优秀传统文化复兴的大潮中,各种文化经典和经典解读的出版物层出不穷,品质自然也参差不齐。笔者在对《弟子规》的解读中尽力做到解读"信",表达"达",词句"雅"。希望本书能激起有志于热爱中华文化经典的人们进一步学习和研究的兴趣。

中华文化博大精深,笔者才疏学浅,在解读和阐发中难免有疏漏和不当之处,恳请方家批评指正!

是为序。

冯进锋

2024 年 7 月 11 日,于红河学院

目　录

序:经典育德,传承树人 / Ⅰ

第一章　《弟子规》研究概述 / 001

一、《弟子规》其书探源 / 003

二、《弟子规》与教育 / 008

三、《弟子规》的当代教育价值 / 016

第二章　学习《弟子规》的意义 / 019

一、中华传统文化复兴的大背景 / 019

二、家长为什么要学习《弟子规》? / 022

三、学习《弟子规》的什么? / 025

四、家长学习《弟子规》的作用 / 027

第三章　《弟子规》的家庭教育智慧解读 / 030

一、总叙 / 030

二、入则孝 / 043

三、出则悌 / 074
四、谨 / 100
五、信 / 122
六、泛爱众 / 144
七、亲仁 / 167
八、余力学文 / 172

附录:《弟子规》原文 / 187

后记 / 192

第一章

《弟子规》研究概述

百年以来，国学热几度在中华大地上沉浮，《弟子规》作为蒙学读物，围绕它的研究与学习也随之兴盛或沉寂。20 世纪 90 年代中期的"儿童读经热"迅速发展为一场方兴未艾的文化教育运动。2004 年左右，"读经热"开始蔓延到了幼儿教育领域，这激起了幼教界极为广泛的讨论，有支持，更有尖锐的批评。彼时学者、教师人人谈读经，成为学界热点话题。借着这股国学热，《弟子规》被推崇为启蒙教育经典，并被广泛运用于儿童教育。2014 年，教育部印发《完善中华优秀传统文化教育指导纲要》，《弟子规》作为蒙学经典也入列中华优秀传统文化，被儿童青少年和各大国学培训机构推崇学习。《弟子规》在"读经热"和"国学热"的大背景中被广为学习、讨论，有褒扬也有诟病。

褒扬者对其极为推崇，认为《弟子规》是儿童启蒙必读书，其主要理由有二。其一，《弟子规》来源于《论语·学而》"弟子入则孝，出则悌，谨而信，泛爱众，而亲仁，行有余力，则以学文"，是对孝悌谨信，爱与亲仁和余力学文的经典阐释，演绎了 113 件事背后的义理，具有非常清晰具体的行为规范体系，清朝时被定为开蒙必读教材，被誉为开蒙养正最上乘的读物。其二，它具有非常强的可操作性和指导性，能够指导儿童文明礼仪行为养成，能够指导家庭教育，能够指导学校道德教育，是促进儿童养成良好行为规范，让儿童懂得礼义廉耻的绝佳读本。

诟病者认为《弟子规》算不得经典，其一，《弟子规》约作于康熙年间，至今不过300年左右的历史，和历史上的诸子百家经典，如“四书五经”（四书：《论语》《孟子》《大学》《中庸》；五经：《诗经》《尚书》《礼记》《周易》《春秋》）等比较起来，实在算不上经典。其二，《弟子规》只有在清朝时期被定为蒙学教材，之后沉寂，直到20世纪八九十年代开始渐为流行，到21世纪，在读经热的烘托下成为热门读物。其三，认为《弟子规》蕴含着许多迂腐的过时的封建糟粕，其过于强调等级尊卑的“规矩”尤其令人觉得不适合新时代儿童学习，例如“骑下马，乘下车，过犹待，百步余；长者立，幼勿坐，长者坐，命乃坐”，且不说现在的人交通出行已经不骑马，让人见长辈，百余步内都站着等，只有长辈走过了，自己才能走，岂不迂腐？

褒扬者与诟病者各执一词，各有道理，我们不必对此有过多是非对错的评判。事实上，褒扬也好，诟病也好，我们会看到，在新时代提倡中华优秀传统文化复兴的大背景下，在“两个结合”思想的指导下，在当下立德树人，重塑教育“德”为根本的背景下，培养有德行的儿童是国家教育首倡，如何塑造行孝悌、讲诚信、知廉耻的人这一教育话题永不过时。一方面，《弟子规》实际上在褒扬与诟病中更加广泛而火热地流行着，并且一些“规范”被写入了教材，被推荐为家庭教育读本，新课标必读名著等，是各大国学教育培训机构必读书。另一方面，在读经热、国学热之后，人们也更加理性、冷静地看待经典，不是一味地跟风，以背诵为经典学习要义，而是知道批判地吸收，知道学而思，学而用的要义。

《弟子规》究竟是经典还是糟粕，偏执一端都非可取态度，我看也不用去说服任何一方，自可任由评说。再者，无论怎样评说，《弟子规》就在那里。一切是非评判皆因人而起，因人而异。仁者见仁，智者见智，我们不妨以开放包容的心态进行学习。学思结合，取其精华，去其糟粕。精华为我所用，糟粕化而受用。善于在败剑中领悟武学真谛，以批判的眼光对待或许是不完美的“经典”，也不失为一种求学之道。读书者，不拘泥于条目，而应用“心”——用心读，用心思，用心悟，用心行。所谓“博学之，审问之，慎思之，明辨之，笃行之”是也。以慎思、明辨、笃行之心学习《弟子规》，与新时代对人的发展要求相结合，学习《弟子规》，定能将其精华传扬，糟粕化用。

响应时代的号召，在中华民族伟大复兴的征程中，以人的发展为根本，以开放包容的心态取其精华去其糟粕，应该成为我们学习一切典籍，也包括学习《弟子规》的态度。我们不能在倒洗澡水的时候，把孩子一起倒掉了。

一、《弟子规》其书探源

（一）《弟子规》简介

《弟子规》原名《训蒙文》，为清朝康熙年间秀才李毓秀所作。内容围绕《论语》“学而篇”第六条“**弟子入则孝，出则悌，谨而信，泛爱众，而亲仁，行有余力，则以学文**”展开，列述弟子在家、出外、待人、接物与学习上应该恪守的守则、规范。后经清朝贾存仁修订改编，并改名为《弟子规》。《弟子规》共有 360 句，三字一句，共 1 080

个字，内容精炼，字字珠玑，充满教育智慧。两句或四句连意，甚至八句或十六句相关，合辙押韵，读来朗朗上口。全篇先为“总叙”，以 24 字总纲统领全文，然后分为“**入则孝、出则悌、谨、信、泛爱众、亲仁、余力学文**”七个部分展开。《弟子规》可以说是《论语》“学而篇”第六条的详细阐发，其篇目架构简约而系统，逻辑紧密，言简意赅，却极具操作性（见表 1）。

表 1 《弟子规》篇目架构表

篇 目	句数	字数	主要内容	备 注
总叙	8	24	总纲	《弟子规》全文总纲
入则孝	56	168	应答敬听、侍寝、心安、谏过、侍病、服丧	首孝悌
出则悌	44	132	兄友弟恭、轻财宽忍、长幼有序	由孝生发，推己及人，将孝悌推及父辈、尊长
谨	68	204	惜时、盥洗、穿衣、饮食、行走、执器、做事、勿近邪、拜访、借物	个人行为养成的信条
信	60	180	“言”“听”“诺”“思齐”“自砺”	主要是言语方面的规范
泛爱众	60	180	爱人（仁）、行善	爱仁
亲仁	16	48	亲仁德、亲仁者	亲仁、亲仁者
余力学文	48	144	学文、文行合一	学文（读书）

（二）《弟子规》的成书据考

关于《弟子规》的成书年代、作者与流传等情况，不少学者进行过研究和探索，我们不妨简述之，以飨读者。读者自当明辨之，批判继承和吸收《弟子规》要义。

我们今天所看到的《弟子规》以清代后期版本为据，作者一般认为是李毓秀，但也有人认为，李毓秀为原作者，作《训蒙文》，经贾存仁修订以后改名为《弟子规》，因此有的版本标注为“贾存仁著”或“李毓秀、贾存仁著”。清代咸丰六年(1856)慎修堂版《弟子规》藏书题写有“绛州李子潜先生元著，浮山贾存仁木斋节定”①。光绪七年(1907)津河广仁堂版《弟子规》序言中，著名学者贺瑞麟提到了贾存仁修订《弟子规》的过程：“此书《弟子规》旧相传为绛州李子潜先生作……所谓《训蒙文》者，其意例语意，即此书所本。而视此特详细，则又窃疑是书或先生晚年修改。即得徐州刊本，乃知浮山贾存仁木斋重为删订。如此贾之重订，固不能没先生之实。但其明白简要，较便初学，盖为有功于先生者，而改今名，亦切事实。正童稚之脚跟，开圣贤之涂辙，殆与原书无异旨也。”②可见，《弟子规》为李毓秀所作，贾存仁修订确是事实。李毓秀，康熙年间人，字子潜，清代山西绛州人。贾存仁，乾隆年间人，字木斋，山西省浮山县左村人。因此，可以推定，李毓秀《训蒙文》成书于康熙年间，贾存仁修订《训蒙文》于乾隆年间并改名为《弟子规》。

(三)《弟子规》的思想渊源

很明显，《弟子规》是对《论语》“学而篇”第六条“**弟子入则孝，出则悌，谨而信，泛爱众，而亲仁，行有余力，则以学文**”的详细阐发和具体化。如果说《学而篇》是纲目，《弟子规》就是纲目的具体化。其行文以三字一句，三字一事、六字一事、九字一事或十二字一事进行礼仪行为的明确规范。如“亲有疾，药先尝，昼夜侍，不离床”，

①② 王立刚：《〈弟子规〉的历史溯源与传播过程》，《教育学术月刊》2017年第5期，第96—105页。

这是十二字一事,关于侍亲。“冠必正,纽必结,袜与履,俱紧切”,这是三字一事(也可以说是十二字一事),关于穿着。“斗闹场,绝勿近,邪僻事,绝勿问”这是六字一事,关于勿近斗闹场,勿问邪僻事。清代王检心评价《弟子规》“言浅意近,段落分析,弟子读之明白易晓,弟子习之简切易行”①,其弟子戴楫评价《弟子规》“便于童子诵读,明白简切,易知易行,所言皆弟子之事,而所以为成人之道,实基乎此”②。

从道德养成的具体方法上看,《弟子规》是对儒学典籍《礼记》《童蒙须知》的阐释。《弟子规》大部分内容都可以从《礼记》中找到对应之处。③例如:“事死者,如事生”源自《礼记》“文王之祭也,事死者,如事生”;“勿践阈,勿跛倚,勿箕踞,勿摇髀”与《礼记》中的“游毋倨,立毋跛”几无二致。《弟子规》受到南宋朱熹《童蒙须知》的影响也很大,在服装礼仪、言语规范、生活习惯、道德行为等方面的规定都能从《童蒙须知》找到渊源。

从《弟子规》的内容形式上看,与《三字经》一个路数,都是采用三字一句的表达方式,三字、六字、九字、十二字均可叙述完一件事,一般以六字或十二字完成叙事和表达义理居多。

综上所述,《弟子规》的思想渊源是儒家思想,所述之事都是儒家关于孝悌、衷信、爱仁亲仁、余力学文的行为规范和品格要求。关于这一点,我们将在后文详细解读《弟子规》蕴含的儒家思想文化要义。

---

①② 李毓秀:《弟子规》,咸丰五年(1855)复性斋重刻本。

③ 范晓艳:《〈弟子规〉中的礼仪教育思想及当代价值研究》,硕士学位论文,河南工业大学,2014 年。

(四)《弟子规》的流传

《弟子规》的流传,大致经历了这样的时间线索:康熙四十三年(1704),《训蒙文》绛州刻印本问世,流传三晋大地。清代晚期,《弟子规》流传到各地,且有十几种不同版本。正因为其言辞简明,朗朗上口的特点,《弟子规》常被当作劝善读物,其对百姓道德观念形成的影响甚至超过四书五经这些儒家经典。民国初年,《弟子规》作为最流行的儿童读物之一,与《百家姓》《千字文》《三字经》并驾齐驱,被多种丛书收录。一直到抗战前夕,一些旧式私塾,仍然在读《弟子规》①。中华人民共和国成立后,《弟子规》一度被认为是封建腐朽思想的遗产而遭到批判,逐渐退出教育舞台,转而成为教育研究者研究的对象。"文革"后期,随着"反传统破四旧"思想和活动的深入,《弟子规》成为被批判否定的"腐朽"之物,受到过度的批判。进入 20 世纪 80 年代以后,《弟子规》逐渐回到学术研究和社会大众视野,进而渐渐演变为国学热的一部分,作为蒙学教材回温,但其热度和流行程度远远不如《三字经》《百家姓》《千字文》。有学者考证,1992 年,《三字经》已经走入千家万户,但《弟子规》只有天津人民美术出版社出版《图释弟子规》一个版本,2000 年以前《弟子规》尚不流行。②2000 年以后,"读经运动"轰动全国,《弟子规》引起广泛关注,逐渐回到流行儿童读物的"热榜"中。2004 年,净空法师的《弟子规》解说系列助推了《弟子规》学习热,2010 年前后,每年都有几十家出版社出版故事版、注释版、插图版等各种不

---

① 瞿菊农:《中国古代蒙养学教材》,《北京师范大学学报(社会科学)》1961 年第 4 期,第 45—56 页。

② 王立刚:《〈弟子规〉的历史溯源与传播过程》,《教育学术月刊》2017 年第 5 期,第 96—105 页。

同版本的《弟子规》。时至今日，大众对《弟子规》的学习和研究热度不减，这一方面说明中华优秀传统文化正在快速复兴；另一方也说明，我们对待传统文化具有了更加开放、包容、理性的态度，愿意平和地批判继承和发扬中华优秀传统文化。面对经典不再偏执，不再一味批判，而是能重拾文化自信，站在传统和时代的交汇处，赋予传统文化以崭新的时代意义。我们正应该以这样的态度来学习《弟子规》。

二、《弟子规》与教育

《弟子规》的流行带来的影响，首先体现在教育领域。随着时代的发展，社会的变迁，对《弟子规》的研究和学习显现出多元化发展的趋势。从研究的角度，重点关注《弟子规》对幼儿园、中小学、大学等不同学段的德育与社会性教育，以及家庭教育的价值等方面。从学习的角度，《弟子规》用于学校、国学教育机构，甚至用于企业员工培训等方面是较为普遍的学习形式。此外，出版界多种版本《弟子规》的策划与出版，例如诵读版、注音版、释义版、故事版、插图(彩绘)版等不一而足，进一步助推了《弟子规》的流行。我们会看到，《弟子规》主要是以用于教育，以民间推动为主的方式传播的。因此，我们重点说一说《弟子规》与教育的话题。

(一)《弟子规》与幼儿教育

《弟子规》与幼儿教育紧密联系，自其成书以来，一直被作为对幼儿进行教育的蒙学教材广泛流传。20 世纪 90 年代中期，国学热的兴起，更促成了其与幼儿教育研究话题，至 2004 年左右，幼儿读经成为热点话题，支持者与反对者意见针锋相对。倡导与支持者极言儿童读经的“成人之学”于个体、社会和国家道德教育之利。反对者如幼教专家刘晓东则极力反对儿童读经，尤其是幼儿读经，并为此写了一本书《蒙蔽与拯救：评儿童读经》，批判儿童读经之荒谬，认为其与时代发展，人的个性化发展，乃至民族、国家发展背道而驰①。随着读经热的消退，幼儿教育界对《弟子规》等经典的态度趋于理性，讨论的焦点也由“是否可以学”更多地转向“应该怎样学”，以及“学什么”方面。时至今日，随着全民族文化自信的持续提升，中华优秀传统文化正在日益复兴，人们对《弟子规》的教育价值与实践价值也有了更客观和理性的思索。

1.《弟子规》的幼儿园教育价值

《弟子规》蕴含积极的幼儿教育价值，包括形塑儿童孝悌仁爱之心，培养良好的行为习惯等。当然其中的繁琐礼节，封建尊卑和等级思想是应该被抛弃的。②总体而言，《弟子规》的幼儿教育价值体现为两个方面，一是作为幼儿园课程资源加以学习利用，二是作为幼儿行为养成教育的指引。

（1）作为幼儿园课程资源

《弟子规》作为幼儿园课程资源有两种方式，一是作为国学特色幼儿园课程资源。这样的幼儿园国学教育是主导课程，注重《弟子规》全文的系统学习。除了遵循五大领域教育课程之外，在幼儿园的一日活动中，可以把《弟子规》渗透在游戏活动、

---

① 刘晓东：《蒙蔽与拯救：评儿童读经》，江苏教育出版社 2009 年版。

② 李令：《〈弟子规〉在学前教育阶段运用之利弊分析》，《陕西学前师范学院学报》2018 年第 7 期，第 47—50、57 页。

生活活动、教育活动和体育活动之中，通过环境的创设，塑造一种的浓浓的国学氛围。但个别幼儿园会直接以诵读这种最粗糙的方式作为教育的形式，环境创设也多采用悬挂儒学诸子画像，摘录经典名句的方式——这其实是最不应该在幼儿阶段倡导的《弟子规》学习方式。它违背了幼儿的“直接感知、亲身体验和实际操作”的学习特点，犯了“幼儿园小学化”的毛病。二是在普通幼儿园中融入《弟子规》课程，以五大领域课程为主导，在课程中适当融入国学教育，例如每周安排一次《弟子规》教育活动，汲取《弟子规》中适合现当代幼儿学习和遵循的内容，主要采用主题活动(包括主题环境创设)的方式，从幼儿社会性教育的角度对幼儿进行文明礼仪行为养成教育。这种课程融入方式主张批判继承，有选择地汲取《弟子规》中精华内容，剔除尊卑等级、封建奴性等为社会所淘汰的内容，进行切片式学习，而非不加选择地进行《弟子规》全文诵读。

(2) 作为幼儿行为养成教育的指引

这种《弟子规》教育价值融入幼儿园教育的方式注重潜移默化、活学化用。幼儿园不应直接利用《弟子规》的文本作为课程资源，例如诵读或安排主题活动，而是将《弟子规》的思想和行为规范化用，渗透在幼儿教育当中：例如“晨必盥，兼漱口，便溺回，辄净手”这种刷牙漱口，上完厕所要洗手的行为习惯教育；“冠必正，纽必结，袜与履，俱紧切”这种教会孩子穿衣服鞋袜扣扣子的生活自理能力教育；“借人物，及时还，后有急，借不难”这种借人东西及时归还的行为规范教育；“用人物，须明求，倘不问，即为偷”这种用别人东西必须经过他人同意的行为规范教育等，由教师潜移默化地引导和教育，帮助孩子养成良好行为习惯。

这种将《弟子规》行为规范教育与幼儿的生活教育紧密结合的化用方式，非常值得提倡，对幼儿教师的国学修养要求比较高，要求教师首先要熟读并践行好《弟子规》中所要求的孝、悌、谨、信、泛爱、亲仁、余力学文等规范和要求，方能实现随机教育。

2.《弟子规》的家庭教育价值

自《弟子规》成书之时起，一直发挥着巨大的家庭教育功能。《弟子规》以蒙学教材的形式，流行于广大士人家庭与私塾。从弟子规纲目中，我们也可以看到，《弟子规》从一开始就是主要服务于家庭教育的。其“总叙”说“弟子规，圣人训，首孝悌，次谨信，泛爱众，而亲仁，有余力，则学文”，把围绕家庭（家族）而展开的孝敬父母，尊敬兄长，日常生活行为规范养成放在突出重要的地位，从具体内容看，“入则孝”“出则悌”“谨”“信”所规范的行为，更是直接与家庭生活、家庭伦理密切相关。所以《弟子规》的家庭教育价值是直白明晰，不言而喻的。它对指导现代家庭教育，构建和谐家庭、和谐社会依然具有重要指导和借鉴意义。①

《弟子规》的家庭教育价值体现之一，就是作为家长进行家庭教育的行动指南。说到家庭教育，我们自然会想到家训教育。家训教育在我国源远流长，作为系统的家训教育典范，我们所熟悉的有南北朝颜之推的《颜氏家训》，南宋朱熹的《朱子家训》（原题《紫阳朱子家训》），明清朱柏庐（朱用纯）的《朱子治家格言》等。此外，还有并未以家训命名的《增广贤文》《了凡四训》等，家书家训等都

---

① 张慧玲:《〈弟子规〉对现代家庭教育的价值和意义》,《山西师大学报(社会科学版)》2019 年第 3 期,第 128—130 页。

是家庭教育的行动指南。《弟子规》虽未名“家训”字样，但实际就是最简洁明了的“家训”，1 080 个字，说尽 113 件处事义理，包括的内容全面而广泛，是中华民族精神文明的宝贵财富，也是中华家训思想的集大成者。①

（二）《弟子规》与基础教育

《弟子规》蕴含的家庭、社会道德教育价值，至今仍在许多方面具有指导意义。基础教育阶段是个体成长过程中夯实基础、塑造品格的重要阶段。《弟子规》中涉及的规范和义理，绝大多数依然契合我国青少年儿童行为规范养成教育的需要。其简单直白的语言和说理，易于儿童理解，且可以直接作为行为规范的参照，供儿童时时对照和检省自己的言行举止。《弟子规》被列入中小学必读经典书目，可见当今国家、社会对其教育价值的肯定。在当今中华民族伟大复兴之际，中华优秀传统文化的复兴势在必然。《弟子规》本身发端于《论语》“学而篇”，内容是对儒家经典的阐发。儒家文化是中华优秀传统文化的精髓。中小学生正是塑造品格，形成文化认同、文化自信的重要阶段。从这个意义上讲，《弟子规》对于基础教育，尤其对于中小学生的中华文化教育具有重要价值。

德智体美劳五育并举是我国教育方针的要求，也是当今时代对人才质量的要求。《中华人民共和国教育法》明确规定：“教育必须为社会主义现代化建设服务、为人民服务，必须与生产劳动和社会实践相结合，培养德智体美劳全面发展的社会主义建

① 覃琦：《〈弟子规〉中家训思想研究》，硕士学位论文，广西民族大学，2017 年。

设者和接班人。”①教育是德政工程，五育并举，德为根本。我国自古以来在教育上秉持这一共识，始终把立德树人蕴含于教育之中，《弟子规》作为蒙学典范，德正是其核心思想，是贯穿全文的主线。我们应充分挖掘其德育价值，从中汲取我国优秀道德价值体系的营养，以滋养新时代少年儿童，培养品德高尚、具有社会责任素养的时代新人。②

同时，我们也要注意到，《弟子规》中毕竟蕴含一些过时的、陈旧的，不符合新时代人才培养导向的内容，例如“路遇长，疾趋揖，长无言，退恭立”“骑下马，乘下车，过犹待，百步余”这些面对长辈的繁文缛节确实大可不必。我们在引导儿童品德养成教育时，就应该取《弟子规》之精华，去其糟粕。面对长辈，繁文缛节或可省去，然而对长辈的尊敬之心却是不可省去的。所以，条目可以不背，繁文缛节可以不行，但尊老敬长的义理不可不明。

（三）《弟子规》与高校德育

高校是德育的重要阵地。“人无德不立，育人的根本在于立德。”③当代大学生，在家庭美德、职业道德和社会公德方面都需要进一步加强。研究表明，部分当代大学生存在孝道意识缺乏，职业

---

① 《中华人民共和国教育法》，http://www.moe.gov.cn/jyb_sjzl/sjzl_zcfg/zcfg_jyfl/202107/t20210730_547843.html。

② 曹文、张香兰：《〈弟子规〉培育中小学生社会责任素养的价值及其实现》，《教育研究与实验》2019 年第 2 期，第 77—80 页。

③ 习近平：《在北京大学师生座谈会上的讲话》，《人民日报》2018 年 5 月 3 日。

理想模糊,社会能力欠缺,社会修养不够等问题。[①]而《弟子规》中蕴含丰富的家庭美德、社会公德规范,包含丰富的个人自我修养思想和行为规范要求,不仅可操作性,指导性强,而且义理明晰,或可为高校德育工作所用。

1.《弟子规》与立德树人:成人笃行

《弟子规》所倡导的由孝悌伦理道德开始,推己及人的道德规范,与我国"立德树人"为根本任务的教育目标要求不谋而合。立德树人不仅仅是我国教育的根本要求,基本特征,也是我国优秀传统文化的表现。立德树人是我国由古及今一脉相承的教育文化根脉,既蕴含于童蒙之学,亦表现于成人教育。《弟子规》所倡导的孝悌、谨信、仁爱,以及知行合一的意识和行为,"勿自暴,勿自弃;圣与贤,可驯致"的自信、自立、自强精神,可概括为四个字"成人笃行"。儒家思想所倡导的"人之为人,以德为先"充分体现于《弟子规》之中。因此《弟子规》亦是大学生成人之学的典范,从根本上落到了"立德树人"之上。

2.《弟子规》与课程思政:涓滴入海

"培养什么人、怎样培养人、为谁培养人是教育的根本问题,立德树人成效是检验高校一切工作的根本标准。"[②]2020年5月,教育部颁布了《高等学校课程思政建设指导纲要》(以下简称《纲

---

① 石沙沙:《〈弟子规〉德行思想在大学生全面发展教育中的运用》,硕士学位论文,延边大学,2015年。

② 教育部:《高等学校课程思政建设指导纲要》,2020年5月28日。

要》)。《纲要》明确要将课程思政融入高校教育教学全过程。课程思政的出发点和落脚点是“立德树人”,《弟子规》以德育为核心教育价值取向,非常契合高校德育为先的课程思政理念。因此,可以将《弟子规》作为课程思政教育的重要学习材料,列入大学生必读经典书目,这对弘扬中华优秀传统文化,树立大学生思想道德意识,规范大学生思想道德行为具有指导意义。

(四)《弟子规》与社会教育

社会教育的目标在于培养个体的人际交往能力和社会适应能力,让个体能够成为道德高尚,自立于社会之中的人。社会教育同样遵循德育为先的理念,重在塑造个体的社会公德行为,帮助个体适应社会,融入社会,为构建风清气正的和谐社会做出积极贡献。《弟子规》在某种意义上可以说与社会教育所倡导的内容高度一致。特别是“谨”“信”“泛爱众”“亲仁”这几个方面的言行举止规定,都是社会教育的重要内容。因此,《弟子规》具有不可忽视的社会教育价值,应当加以挖掘。具体可以从以下两个方面努力:

1.《弟子规》与社会风气塑造

社会风气体现于社会公德之中。社会公德在宏观上是公民与政府以及与国家之间的和谐关系,在微观上是公民之间以及公民与公共事务之间的和谐关系。[①]《弟子规》由家及社会,由内而外,推己及人的社会道德教育思想,从逻辑上阐明了社会风气塑造首

① 朱伟:《〈弟子规〉德育思想对大学生道德教育的启示》,硕士学位论文,河南中医药大学,2018年,第25页。

先体现在个体的自我修养(自己与自己相处)。而个体的自我修养首先体现于对父母兄长的孝悌。由孝悌家庭伦理道德生发,进而到与他人相处,与社会相处,与社会公共事务相处,乃至与国家相处的系统明确的道德规范。由此可见,《弟子规》的全部内容,除了已被时代所淘汰的,落后守旧的等级尊卑观念,过于繁琐的礼节和过分强调的“家长制”思想之外,均能作为个体自我人格塑造和社会风气塑造的重要载体。应当倡导在全社会范围内,批判地吸收和借鉴《弟子规》所倡导的传统优秀道德文化,用以净化社会风气,塑造风清气正的和谐社会。

2.《弟子规》与文化传统复兴

《弟子规》的流传与中华传统文化的复兴息息相关。新时代背景下,坚定文化自信,努力推进中华优秀传统文化复兴的历史使命神圣地落在了青少年身上,实现中华民族伟大复兴的中国梦是不可阻挡的历史潮流。中华民族伟大复兴中国梦的实现,其根脉与灵魂就是中华优秀传统文化的复兴。《弟子规》蕴含的中华优秀传统德育思想闪耀着文化的光芒,值得全社会的人们研究和学习。

三、《弟子规》的当代教育价值

(一) 个体成长——塑造的价值

塑造个体优秀的道德品质,即使儿童“成人”。《弟子规》何以具有塑造个体优秀道德品质的价值呢?《弟子规》总叙言“弟子规,圣人训,首孝悌,次谨信,泛爱众,而亲仁,有余力,则学文”,开宗明义,说《弟子规》是代圣人言。著名的横渠四句“为天地立心,为生民立命，为往圣继绝学，为万世开太平”，《弟子规》可谓“为往圣继绝学”之作。实际上也确实如此，因为《弟子规》就是《论语》“学而篇”第六条“**弟子入则孝，出则悌，谨而信，泛爱众，而亲仁，行有余力，则以学文**”的具体注释。《论语》是儒家经典，以“仁”为根本，以塑造有德之人为价值取向，《弟子规》继承儒家伦理道德思想精髓，在孝亲敬长、为人处事、待人接物、行为习惯、敬业乐群、慎独自修等方面都提供了行动指南，堪称儿童道德品质养成与良好行为塑造的典范。《弟子规》中“信”“泛爱众”“而亲仁”这几个方面，非常明显地指向个体内在道德品质养成方面自我修养。如“信”中“凡出言，信为先，诈与妄，奚可焉”的诚信品德养成；“泛爱众”中“勿谄富，勿骄贫，勿厌故，勿喜新”的不喜新厌旧，不谄媚、不嫌贫爱富的道德品质养成；“亲仁”中“果仁者，人多畏，言不讳，色不媚”关于个体“仁”的道德品质修养。因此，《弟子规》对个体人格成长具有塑造价值。

（二）家庭教育——指导的价值

《弟子规》可以指导家庭开展儿童道德教育，使儿童“成才”。《弟子规》作为蒙学读物，毫无疑问可以作为家庭教育的教科书。家庭是社会的细胞，家庭是儿童教育的第一场所，父母是儿童成长的第一任启蒙老师。家庭教育的关键在儿童道德品质塑造和良好行为习惯养成。《弟子规》无论从行为规范还是义理阐释上，都言简意赅地为儿童道德养成和行为塑造提供了学习依据。我们会注意到，“入则孝”“出则悌”主要就是儿童在家庭伦理道德方面的“守则”，教儿童怎样孝敬父母和尊敬师长，“谨”规定了儿童日常生活中待人接物的行为规范。

首先，《弟子规》作为家庭教育的指导手册，体现在为家长提供了操作指南，家长自身通过学习《弟子规》熟知需要塑造怎样的儿童，熟知如何塑造能够融入社会，具有高尚道德品质和良好行为规范，懂得孝悌、谨信，能爱人亲仁，待人接物有涵养，能做到知行合一、谦卑不亢的人。其次，家长学习《弟子规》也是提高自我修养，提高家庭教育能力，传承中华优秀传统文化的重要手段。再次，家长和儿童学习弟子规，对于塑造良好家教、家风，形成和美家庭，促进儿童成材同样具有积极意义。

（三）社会教育——规范的价值

个体的成长离不开社会，和谐社会的构建离不开社会规范，社会规范的根本在道德——社会公德。《弟子规》对个体道德品质和行为规范的规定，不仅是个体慎独自修的标准，也是家庭美德和社会公德的要求，是对人之为人，人之立于社会之中，与人发生各种各样的关系时应该遵守的法则。《弟子规》短短 1 080 个字，明确规定了 113 件事应遵循的社会行为规范，并说明了为何要遵循这些规范。遵规不仅是个人高尚道德修养与良好行为习惯养成的必要条件，更是个体立足于天地，立足于社会的基础，是“成事”的法则，是成功的规程。而如果违规，则行必不可取，事必不成功。我们可以从《弟子规》原文中看到不少这样的行为规范和义理阐释。例如“用人物，须明求，倘不问，即为偷”，从遵规与违规正反两方面说了如何借用别人的物品，要用就要明借，如果不问不求别人就直接用，那是偷盗。还有“事非宜，勿轻诺，苟轻诺，进退错”，关于诚信承诺的规定，说明违规则难以取信于人，轻诺则必寡信的道理。“过能改，归于无，倘掩饰，增一辜”讲到知错能改能成事的道理。因此《弟子规》具有社会教育中的规范价值，可谓少年儿童“成事”之学。

第二章

学习《弟子规》的意义

一、中华传统文化复兴的大背景

话说到这里，读者可能会问：我不学《弟子规》，不懂《弟子规》同样可以培养孩子良好的道德品质、行为习惯，为什么我一定要学习《弟子规》呢？这是历史的选择，现实的需要，未来的趋势。

其一，学习中华优秀传统文化是大势所趋，是国家文化复兴，培养儿童文化自信的战略。

我们了解一下当前中国的文化政策导向，就能深刻地感受到自上而下都在提倡全民学习传统文化。党的十八大提出**文化自信**道路。文化自信就是对自己民族的优秀传统文化的继承和发扬的自信。习近平总书记多次强调中华优秀传统文化对中华民族伟大复兴的根本性意义。如在主持中共中央政治局第十八次集体学习时说：“**中华优秀传统文化是我们最深厚的文化软实力，也是中国特色社会主义植根的文化沃土**。”①在中央党校建校 80 周年庆祝

① 人民网：《习近平谈中华优秀传统文化：善于继承才能善于创新》，https://cpc.people.com.cn/xuexi/n1/2017/0213/c385476-29075643.html。

大会暨2013年春季学期开学典礼上说：**“中国传统文化博大精深，学习和掌握其中的各种思想精华，对树立正确的世界观、人生观、价值观很有益处。”**[①]**“求木之长者，必固其根本；欲流之远者，必浚其泉源”**[②]。文化自信应当建立在数千年中华优秀传统文化根基之上。未来世界的竞争，是文化软实力的竞争，决定世界格局的最强大力量将会是文明（文化）的力量。可见，学习中华优秀传统文化是中华民族坚定文化自信道路的必然要求，是培育青年一代文化自信的必然选择，是中华民族伟大复兴的大势所趋！

其二，“德育为先”，践行社会主义核心价值观是我国新时期的教育价值导向。

党的十八大报告指出，我们的教育方针是，要**“坚持教育为社会主义现代化建设服务、为人民服务，把立德树人作为教育的根本任务，全面实施素质教育，培养德智体美全面发展的社会主义建设者和接班人，努力办好人民满意的教育。”**[③]明确把立德树人放在了重要的位置上加以强调。立德树人不仅仅是实现中华民族伟大复兴的中国梦的必然要求，更是中华优秀传统文化中最宝贵的教育财富。教育必须以立德树人和以德为先作为根本追求。

2014年，教育部印发《完善中华优秀传统文化教育指导纲要》

---

① 人民网：《习近平在中央党校建校80周年庆祝大会暨2013年春季学期开学典礼上的讲话》，http://jhsjk.people.cn/article/20656845。

② 唐·魏徵：《谏太宗十思疏》。

③ 胡锦涛：《坚定不移沿着中国特色社会主义道路前进　为全面建成小康社会而奋斗——在中国共产党第十八次全国代表大会上的报告》，《人民日报》2012年11月18日。

指出“**加强中华优秀传统文化教育，是培育和践行社会主义核心价值观、落实立德树人根本任务的重要基础**”，应“分阶段有序推进中华优秀传统文化教育”，让儿童学会“待人接物的基本礼节”“引导学生孝敬父母、尊敬师长、友爱同学、礼貌待人，养成勤俭节约、吃苦耐劳、言行一致的生活习惯和行为规范”①，《弟子规》为此提供了最适宜最相称的传统文化教育内容。2017 年，教育部印发《教育部关于〈中小学德育工作指南的通知〉》(教基〔2017〕8 号)，在总体目标中明确提出“……教育学生理解、认同和拥护国家政治制度，**了解中华优秀传统文化**和革命文化、社会主义先进文化，增强中国特色社会主义道路自信、理论自信、制度自信、文化自信，引导学生准确理解和把握社会主义核心价值观的深刻内涵和实践要求，养成良好政治素质、道德品质、法治意识和行为习惯”。

《弟子规》是我国优秀传统文化的代表之一，是儒学经典著作，是优秀的蒙学教育读本，它以儒家**仁德**思想为根基，在儿童行为、习惯、品行规范中始终贯穿**德育为先**的理念。它通俗易懂，字字珠玑，讲究音韵，适于朗诵，是家长和儿童共同学习的绝佳选择。

其三，学习《弟子规》中华优秀传统文化经典，符合“两个结合”的战略要求。

“两个结合”就是把马克思主义基本原理同中国具体实际相结合，同中华优秀传统文化相结合。2021 年，习近平总书记在中国共产党成立 100 周年大会上，明确提出“坚持把马克思主义基本原

---

① 中华人民共和国教育部:《教育部关于印发〈完善中华优秀传统文化教育指导纲要〉的通知》(教社科〔2014〕3 号)，http://www.moe.gov.cn/srcsite/A13/s7061/201403/t20140328_166543.html。

理同中国具体实际相结合、同中华优秀传统文化相结合”。[①]《弟子规》作为蒙学经典读物，无疑蕴含着丰富的中华优秀传统礼仪文化内涵，包含孝悌传统美德、待人接物基本规范、立学笃行基本要求，对当今儿童教育具有重要的意义。在马克思主义基本原理的指导下，结合我国优秀传统文化，对培育时代新人，回答新时代“培养什么人，怎样培养人，为谁培养人”问题具有重要的意义。《弟子规》丰富的内涵绝大部分依然契合当今时代对个体的行为规范要求。在新时代的道路上，学习《弟子规》，传承其精华，对结合新时代培养人的新要求，以经典育新人，具有重要意义。

二、家长为什么要学习《弟子规》？

《弟子规》中蕴含的家庭教育智慧如涓涓细流，绵绵不绝。若能认真学习、仔细领会、勤于实践，定能对提升儿童内外修养，提高家长自身涵养和家庭教育素养大有裨益。

首先，《弟子规》是写给孩子，也是写给家长的读物。因为父母是孩子的第一任老师。

我们来看“弟子”是什么意思呢？我们知道《弟子规》是从《论语》“学而篇”第六条的内容加以阐释和发挥以后形成的，对儿童的孝悌、谨信、学习、待人接物等方面的规范。而《论语》是由孔子的弟子整理的，有关孔子的教育言论及孔子与弟子之间的对话集，因此弟子的本意，应当是指徒弟，也就是学生。但纵观《弟子规》全

---

① 《马克思主义中国化时代化“两个结合”的必然性及现实要求》，http://union.china.com.cn/jdnews/txt/2022-12/21/content_42211334.html。

文，我们发现，其内容都是有关孝道、品行、习惯、待人、接物、学习等方面的规范，它不仅仅是对学生的规范，而是对"人之为人"的共同规范，因此**弟子我们可以理解成正在学习成长中的人，不仅包括幼儿、儿童、青少年，也包括成年人**。从这个意义上讲，我们每个人都应该学习《弟子规》。

第二，家庭是启蒙教育的第一场所。《弟子规》讲的就是启蒙教育。

教育不仅仅是学校、社会的职责，也是家庭的职责。要"坚持学校教育、家庭教育、社会教育相结合。既要发挥学校主阵地作用，又要加强家庭、社会与学校之间的配合，形成教育合力"。[①] 2021年《中华人民共和国家庭教育促进法》颁布，明确指出是为父母及其他监护人对孩子施加在"道德品质，身体素质、生活技能、文化修养、行为习惯等方面的培育、引导和影响"而立。它强调"家庭教育应以立德树人为根本任务，培育和践行社会主义核心价值观，弘扬中华优秀传统文化……"。为家庭教育弘扬中华优秀传统文化立法，足见国家对中华优秀传统文化传扬的重视，足见家庭启蒙教育在儿童健康成长的阶段中至关重要。《弟子规》原名《训蒙文》。"训"就是规训、规范，就是老师或长辈对学生或孩子的教育。"蒙"就是启蒙、发蒙，就是最初的教育，最基本的教育。**人之为人最基本的教育是什么呢？就是教人"学会做人"，掌握最基本的生活习惯和行为规范**。"文"即文字或读本。很明显，作者的本意就说这是写给儿童学习的读本。

---

① 《教育部关于印发〈完善中华优秀传统文化教育指导纲要〉的通知》（教社科〔2014〕3号），2014年3月26日。

什么叫"会做人"，最根本的就是高尚的道德品质和合乎礼节的为人处世、待人接物的良好行为习惯，而不是学识。一个人再有学识也可能不会做人，所以学识的高低并不等于人品高低。人们宁愿去喜欢一个品德高尚、有涵养的文盲，也不会喜欢一个品德低劣、没有教养的所谓高材生。品德低劣、缺少涵养的人难以为社会所容，因为社会不是你家，社会不是只有你一个人。

我们经常听到某些人抱怨说：我学历比他高，凭什么我的发展不如他？凭什么他做了我的上司？凭什么他发了大财？……这就是唯学历论的思想在作怪。君不见，他可能比你更会做人，更懂得为人处世的道理，他比你更有涵养，待人接物落落大方……我们会注意到，随着国家"双减"政策出台①，超前教育，过分重视知识学习的教育，忽视人际交往、行为习惯和能力培养的情况有所改观，但当下的家庭教育依然存在家长观念尚未扭转，不良家庭教育导向依然存在，应试教育依然强势的现象。不少家长不顾孩子意愿和能力，不断让孩子学习各种知识、各种技能，生怕自己的孩子不如别人，生怕自己的孩子输在所谓的起跑线上。**这种盲目攀比的心理本身就有问题**。在"双减"政策出台以前，一个小学生课外要学习七八项技能，报五六个学科知识补习班的情况屡见不鲜。孩子苦、家长累不说，最悲催的是：孩子好像学了很多东西，但失去的更多。比如人际交往能力降低了，快乐体验没有了，道德品质养成、行为习惯培养被忽视了，童年时光被压缩了……当他们长大走进社会以后，可能是高学历、高智商，但内心空虚、德行不高的人。

---

① 中共中央办公厅、国务院办公厅：《关于进一步减轻义务教育阶段学生作业负担和校外培训负担的意见》，2021年7月24日。

第三，育人先育己。作为父母，只有提高自己的修为，才能教育好自己的孩子。

绝大部分的家长希望自己的孩子是天才，天底下最棒的，将来要成为社会最顶层的、受人尊敬的人，要成为精英。但实际上这更多只是父母对孩子的美好期望和寄托而已，因为大部分的孩子最后是要归于平凡的。孩子成不成得了精英，家长自己也没有把握，因为未知的因素太多，但**我敢说家长完全可以让自己孩子成为会做人、品性良好、有涵养、受人尊重的人**。这本身就是成为精英的必要条件，并且家长现在就可以行动，因为所有的这些都渗透在生活中，而不在书本知识中，也不在各种技能培训班中。在家庭教育中，父母就是教师，您是否准备好做孩子的合格父母了呢？当您思考这个问题的时候，我想家长为什么要学习《弟子规》这个问题就了然了。父母，特别是年轻父母教育孩子的焦虑，在当下社会非常普遍，主要表现为不知道如何教育孩子；不知道什么才是孩子的童年最重要的最基础的教育；不知道怎样才能为孩子树立良好的榜样；不知道自己应该怎样作为才能给予孩子真善美的影响；等等。对这些问题，《弟子规》都能给予你一定的解答。最不露痕迹的教育是潜移默化，最简单易行的教育是言传身教。父母和孩子一起学习《弟子规》，大有裨益！

三、学习《弟子规》的什么？

家长和儿童要学习《弟子规》的什么呢？《弟子规》总叙写得很清楚，要学习“**圣人训**”，学习由圣人总结下来的为人处世、人之为人、待人接物的道理和规范。要“**首孝悌**”。人之为人，首先要“孝和悌”，这是排在第一位的。**《孝经·开宗明义》**[①]说：**“夫孝，德之本也。”**就是说“孝”是一切道德的根本，**不孝，则德无根基。德若无根基，于个人则难以达到仁德，于社会则道德的大厦会坍塌**，可见“孝”的重要性。“孝”即后辈对父母和长者要孝敬，“悌”则指兄弟之间要和睦相敬。要**“谨信”**，即谨小慎微、讲究诚信。要**“泛爱众”**，就是将爱推己及人，爱大众。要包容、理解他人，爱别人如同爱自己。要**“亲仁”**，靠近那些有德的人和力行有德的行为。最后说**“有余力，则学文”**。就是说学习好这些行为规范，养成良好的品行习惯后，如果还有余力，则必须学习那些知识和技能的东西。而不是倒过来，一味地学习知识技能，却忽视了行为规范、良好习惯和道德品行的养成教育。所以关于儿童先学什么，后学什么，首要的培养目标是什么，《弟子规》阐述得清清楚楚。如果搞混，教育就会出问题。所以学习《弟子规》绝不仅仅是会背诵这 1 080 个字这么简单，其中蕴含的中华教育文化精髓值得反复揣摩。背诵也许是第一步的学习，但也是最低级的学习。

《弟子规》中的家教启蒙思想，是几千年来，老祖宗总结下来的社会经验的精华，是人之为人最基本的规范。我们的老祖宗是充满智慧的，历代先贤的教育思想始终把“仁德”教育放在第一位，不是没有道理的。我们都知道四大文明古国：古巴比伦、古埃及、古印度和中国。这四大文明古国后来怎么样了？前三者都衰亡了，文化断裂了、破碎了。唯有中国的文化延续数千年而不衰，唯有中华的文明一直延续至今。我们的文化传统几乎从未断裂过，在近代鸦片战争以来内忧外患的社会动乱的年代中，传统文化曾被弃

---

① 胡平生、陈美兰译注：《礼记·孝经》，中华书局 2016 年版，第 256 页。

之如敝屣。但是很快，我们就认识到自己错了，我们不能丢弃老祖宗留下来的宝贵文化遗产，丢弃我们自己的优秀传统文化。

一个真正有尊严的民族是有自己历史文化传承的民族。当文化不再传承延续的时候，也就是一个民族衰亡的时候，因为文化才是一个民族的根，根没有，何来枝叶？中华传统文化若丢失了，何以言自己是中国人？当我们把文化遗产重新拾起来，擦拭、研究时，才发现它才是我们的精神指引。所以近年来，国家大力提倡继承和发扬中华优秀传统文化，呼吁加强保护性研究、传承性研究、发扬性研究。从中央到地方，大力提倡传统"文化复兴"，加强"文化自信"道路建设。2014年，教育部专门印发了《**完善中华优秀传统文化教育指导纲要**》，明确提出，传统文化教育应渗透，甚至纳入学校教育体系中，足见对传统文化教育的重视。

四、家长学习《弟子规》的作用

我想家长学习《弟子规》的作用至少有三条：**第一，帮助家长提升自身修养，提高自身家庭教育素养，增强家庭教育胜任能力；第二，帮助家长走出误区，改变"重智轻德"的本末倒置的家庭教育方式；第三，帮助家长以更开放的心态接纳孩子，正确处理儿童教育中智育和德育的关系。**

家长在家庭教育中常常遇到两大困惑：不知道要培养什么样的孩子；不知道怎么做才能教好孩子。前者让家长心烦意乱，只好要么不教，要么乱教，要么跟着别人教——别人怎么做，自己跟着做，盲目跟风。后者让家长束手束脚，总觉得自己不懂、自己不能、自己不会，最终教不好或教坏了孩子。**不知道要培养什么样的孩**

子和认为自己没有能力培养孩子是导致家庭教育失败的两大原因。

很多家长说:我文化水平低,我教不了孩子!你错了,而且大错特错。"黎明即起,洒扫庭除"[①]的以身作则你不会吗?孝悌、谨信、爱众、亲仁、学文,这些基本的为人处世道理你不懂吗?为人者,"百善孝为先",孝敬父母、兄弟和睦,讲究诚信……你为孩子树立这些榜样了吗?**你所谓的教不了孩子,仅仅是教不了孩子知识而已。教不教得好孩子,真的和文化水平的高低没有直接的关系,所谓寒门出孝子就是这个道理。**

我们必须承认,孩子读到初中,家长如果不是专业的大学或中学教师,基本上很难辅导自己的孩子学习学科知识了,文化水平低一点的家长,甚至无法辅导小学高年级的孩子学习了。但你作为一个父亲或者母亲,你没有人生感悟吗?你没有人生阅历吗?你没有自己正确的"三观"吗?你不懂得为人处世、待人接物的道理吗?你不知道人应该具备哪些涵养才能被社会接纳吗?你不知道孝道、敬畏、诚信、爱心、真诚、好习惯这些东西对孩子更加重要吗?……难道这些不值得教给你的孩子吗?难道这些跟你学历高低、文化水平高低有直接关系吗?因此,我们学习《弟子规》就是要先教育好自己,树立自己正确的教育价值观,然后才能教育好自己的孩子。

家庭教育是教育的起点,父母是孩子的第一任启蒙老师。因此,做一个合格乃至优秀的家长是良好家教的保障。

---

① [清]朱柏庐:《朱子治家格言》,吉林出版集团有限责任公司 2014 年版,第 2 页。

家庭教育不仅需要家长教育价值观引领，更需要家长以身作则。有什么样的家长就有什么样的孩子。俗话说：孩子就是父母的模子印出来的。按现在的话来讲，孩子是父母的复印件，如果原件就有缺陷，那么复印件岂能完美？所以，我始终认为，家庭教育要做好，父母首先要教育好自己。当我们教育好自己了，怎样教育孩子的问题也就豁然开朗、迎刃而解了。提高我们自己的内心修养，养成良好的道德品行，同时再学点家庭教育的方法，这样每一位家长都能成为合格的教育者了。

让我们一起来学习《弟子规》中的家庭教育智慧。

第三章
《弟子规》的家庭教育智慧解读

《弟子规》全文 1 080 个字，阐述了 113 件日常人际交往应遵循的礼仪规范，阐明了其背后的义理，下面我们将围绕《弟子规》的纲目，从教育，尤其是家庭教育的角度，从帮助儿童"成人"的方面，释义和解读《弟子规》的家庭教育智慧。

一、总　叙

原文：弟子规，圣人训，首孝悌，次谨信；泛爱众，而亲仁，有余力，则学文。

译文：弟子规是圣人对弟子的训诫，首要的是孝敬父母，友爱兄弟姐妹，然后才能谨言慎行，诚实守信。要博爱大众，而后才能真正靠近仁德，做到了这些后，如果还有剩余精力，就要多读圣贤书。

"弟子规，圣人训"。《弟子规》开篇总叙 24 个字，开宗明义提出《弟子规》全文的总纲。作者以虔敬之心提出，**"弟子规，圣人训"**。就是说《弟子规》是圣人的教诲，是应该学习和遵循的训诫。

它不是随便乱说的,也不是某个人的人生经验总结,而是历代先贤的金玉良言,是集体智慧的结晶,因此具有普遍性,是可以供子孙学习的东西。何为圣人?孔子被尊为“万事师表”“大成至圣先师”,是公认的圣人。但此处的“圣人”当然不是单指孔子,而是孔子及其弟子们,包括孟子、颜回、曾子、子思等先秦儒家学派诸子,甚至包括后来历朝历代儒家学派先师,如董仲舒、孔颖达等人。**《弟子规》是圣人思想的总结,是历代儒家先贤智慧的结晶**。

“首孝悌,次谨信”。儒家思想,首先教导子孙要“首孝悌,次谨信”。圣人的训诫说,为人者,首要的,排在第一位的是孝心和兄弟姐妹之间相敬相爱。然后是谨言慎行,讲究诚信。这里的“首”和“次”两字非常重要。需要正确理解。“首”强调的是第一。儒家讲“百善孝为先”,孝是一切道德品质产生的根本,没有孝,所谓悌、谨、信……一切都没有了。那“次”怎么理解呢?我看了很多文本,大多翻译成“其次”,我认为是不正确的,也不符合常识。如果这么翻译,那就变成:为人者,首先要孝敬父母、尊敬长辈、友爱兄弟姐妹,其次要谨言慎行、讲究诚信。这很明显是不符合常识的。难道“谨言慎行、讲究诚信”就不重要了吗?同样是非常重要的。儒家讲“人无信,不立”,何为“立”,孔子说“三十而立”,立就是成家立业,在社会上扎根立足。《论语》里还说“**人而不信,不知其可也。大车无輗,小车无軏,其何以行之哉**。”[①]就是说人不讲究诚信的话,根本就无法成为人,无法成就事业,无法在社会立足,就好像古代的马车缺少了关键部位一样,根本无法行走。如此说来“诚信”怎么能不重要呢?所以这里的“首”和“次”并不是简单的第一第二

---

① 胡乃波译注:《论语》,华龄出版社 2017 年版,第 20 页。

的关系，而是为了强调“孝悌”的重要性，孝悌是根本。这和儒家由内而外、推己及人的家国思想是密切相关的。许多研究儒家文化的人都一致认为，儒家治国思想的根本是“以孝治天下”，是由家推演到国，由孝敬父母推演到忠君，由对兄弟的悌推演到对待朋友关系的信的。这是不无道理的。汉朝董仲舒提出的“三纲五常”就很有这种推演的意味（“三纲”：君为臣纲、父为子纲、夫为妻纲。“五常”：仁、义、礼、智、信）。所以，如果我们把“首”和“次”翻译成首先、其次那就学错了，如果这样教孩子，那就教错了。这里根本没有首先和其次的关系，而是一种推演关系：“孝悌”是对父母的“谨信”，“谨信”是对他人的“孝悌”。我这么说也并非乱讲，有句话叫“老吾老以及人之老，幼吾幼以及人之幼”。就是说对待长辈，哪怕不是自己的父母，也要像对待自己的父母一样尊敬和爱戴。对待晚辈，哪怕不是自己家的晚辈，也要像对待自己家的晚辈一样友爱。这就是儒家“推己及人”的思想。

因此，“首孝悌”可以理解成孝悌是一切儒家人伦道德思想的根本。人之为人，如果孝敬父母，友爱兄弟姐妹都做不到，又怎能谨言慎行，对朋友诚信呢？对自己的父母和兄长都不好，又怎么能推及朋友和他人呢？家庭教育根本的是要教育孩子孝敬父母、长辈，友好对待兄弟姐妹。要从爱身边人，关心身边人开始，进而推及周围人，进而爱众，达到仁德的境界。

“泛爱众，而亲仁”。这一句看似与前两句没什么关系，实际上也体现了儒家“推己及人”“由内而外”的思想。前文讲孝敬父母、兄友弟恭、谨言慎行、讲究诚信。这都是向内的。而“泛爱众”由内而外，将仁爱推及他人，从爱自己、爱父母、爱兄弟姐妹，进而到爱他人，达到一种博爱的境界。所以“泛爱众”是一种博爱思想。就是说要教导我们要有宽阔的胸怀，开放的心态，不仅要爱家人，也要爱众人。要做到入则“孝行天下”，出则“爱行天下”。但要注意的是，这里的“爱”主要是“仁爱”，所以《弟子规》紧接着下句说“而亲仁”，即亲近仁德。两句合起来的意思是说，如果一个人能够具有宽广博大的仁爱之心，那么他就在不断地向仁德靠拢，最终而达到“至仁”境界。这里讲的是达到“仁”的境界的途径之一，那就是“泛爱众”，也说明了要达到“仁”的境界，是一个修炼的过程。家庭教育中，应该培养孩子的仁爱之心，引导孩子不断地向仁德靠拢。有些文本把这句翻译成“博爱大众，靠近有仁德的人”，就是把“而亲仁”翻译成“靠近有仁德的人”，我认为是不妥的。这背离儒家仁德思想的本意，将具有深刻内涵，包含儒家全部思想内核的“仁”翻译成“仁人”，不仅严重窄化了“仁”的涵义，也与前一句“泛爱众”相矛盾：前一句还说要博爱众人，后一句立刻变成只是亲近有仁德的人，很明显从逻辑上也是说不过去的。

再者，联系前文，我们就可以理解：**孝悌、谨信和泛爱众都是达到“仁”和亲近“仁”的路径。“泛爱众”是其中的路径之一**。这为我们指明了一条“亲仁”“达仁”而直至“至仁”的通道，那就是践行孝悌、谨信和泛爱众，由内而外，推己及人，不断地自我修炼。“仁”是很抽象的，如何达成？《弟子规》说通过孝敬父母尊长、友爱兄弟姐妹和博爱众人这些具体的行为修炼来达成。这就将“仁”从抽象的概念具体化为人人可实践、可操作、可达成的行为规范。将圣人之“仁”转化为普通人皆可行的行为准则。表明圣与贤不是虚无缥缈，遥不可及的，而是有一条可以通达的道路。按《论语》所言，即“入则孝，出则悌，谨而信，泛爱众，而亲仁”①。这条普通人通往圣

① 胡乃波译注：《论语》，华龄出版社 2017 年版，第 4 页。

人和贤人的道路是可靠的,行得通的。这也正好呼应了《弟子规》结束语“勿自暴,勿自弃,圣与贤,可驯致”的道理。所以“仁”并不是空洞的,是可以通过持之以恒的学习和实践达成的。儒家讲的“仁”也不是只可意会不可言传的东西,而是可以通过具体的实践,通过生活中的点滴行为来体现的,是可以从爱父母、爱兄弟姐妹做起,到爱众人,由行为到习惯,从内而外的修炼来达成的。从这个意义上讲,儒家思想是“务实”的,《弟子规》是具有很强的教育指导性和操作性的。

因此,我们学习《弟子规》就要领悟到“推己及人”的真谛,领悟到从我做起,从身边事做起的真谛,就从爱父母、兄弟姐妹做起,切莫舍近求远。漠视父母,“大爱”“博爱”就是无源之水、无本之木。父母或长辈要做好家庭教育,教育好子女,要从提高自己的修为开始,要“行有不得反求诸己”(《孟子·离娄章句上》),切莫一味外求。更不应该自己做不好,做不到,做事有悖伦常,却对子女高要求,甚至横加指责。教育子女也应该始于“孝悌”,终于“仁德”。要从实实在在的事情做起,在实践中由一个个的行为规范和礼仪规范积累起来,直至“仁”的境界。要少讲“仁”的大道理,多做“仁”的小事情。由量变而质变,由践行而通达。教育子女要重言行,要言传身教,言行一致。光会背书,会讲道理,会答题,永远靠不了“仁德”的岸。行为规范和良好习惯的养成需怀抱“路虽远行则将至,事虽难做则必成”的精神,要“行”和“做”。行和做是《弟子规》总叙所蕴涵的精神内核。行和做都坚持下来了,臻于极致了,方可言“有余力,则学文”。这时候我们才能更好地理解什么是“有余力”,理解“余力”是指什么,理解所余之“力”为何。

“有余力，则学文”。这一句虽然是《弟子规》总叙的最后一句话，却也是最重要的一句话。它不仅是总叙的压轴，也是统摄《弟子规》全文的灵魂，即“文眼”。为什么这么说呢？我看到很多翻译都是断章取义，直译为“有多余的精力，就多学多问”“有剩余的精力，就多读书”等。这种既不联系上下文，也不考虑《论语》所述本意的翻译是很不可取的。“有余力”当然可以简单地翻译成“有剩余的精力”，但是联系上文和儒家思想就会发现这样的解释是非常含糊的。把“则学文”简单翻译成多读书则更是模糊不清。

联系前文，我们会发现，《弟子规》首倡孝、悌、谨、信、泛爱众来实现“亲仁”的目的，接着马上说到“有余力，则学文”。“余力”和“学文”到底是什么意思呢？很明显，“有余力”应该是“行有余力”“游刃有余”的意思，也就是说，一个人如果做到了孝、悌、谨、信、泛爱众，不断地走向“至仁”，在这个过程中你还有精力，还能游刃有余，还能行有余力，那么你就应该进一步“学文”。换言之，如果前面这些《弟子规》“首倡”的人之为人的根本，你都不能身体力行，做不到，做不好，那么“学文”的问题就要再考虑考虑了。

所以，“有余力”三个字既是接续前文，也是转折，意蕴丰富：

第一，“有余力，则学文”是顺着前文的意思讲下来的，可以理解为：行有余力则学文。

但何为有余力？这里又有两层意思需要深究。一怎么叫有“余”力；二怎么叫有余“力”。如何理解“余”和“力”至关重要，直接关涉下文“则学文”。首先，“余”为践行孝悌、谨信、泛爱众之余，可以理解为有剩余时间、剩余精力。其次，“力”可以表示为践行孝悌、谨信、泛爱众的程度。已经在践行孝悌、谨信、泛爱众的道路上做到尽善尽美了，如果还有“余力”，“则学文”。因此，所谓的“有余力”是对践行孝悌、谨信、泛爱众定了一个内在的标准。这个内在的标准是什么呢？《弟子规》没有明说，《论语》也没有明说。但是贯彻其中的思想是一致的：这个标准存在于人的内心之中，靠个体的自觉。这个标准绝不会是随随便便地“行”与“做”，更不是形式主义地“行”与“做”。如何判断到底有没有做到尽善尽美，是不是真的行有“余力”，按照儒家的观点，只有通过“自省”来判断。正如曾子所言“吾日三省吾身：为人谋而不忠乎？与朋友交而不信乎？传不习乎？”①我们是通过“自省”来判断是不是“行有余力”的。再次，“余”和“力”是辩证关系。若无“余”无“力”，有“余”无“力”，有“力”无“余”，皆难以“学文”。无“余”无“力”自然不必说。有“余”无“力”说明有时间和精力，但是践行还不够，自然应加倍践行。有“力”无“余”说明践行的时间和精力不足，这并不能说明践行的火候和力道就够了，相反没有时间和精力的保障，践行的成效难说，更难以说已经尽善尽美了。因此“有余力”一定是一种经过长时间、深实践后仍有一种需要提升的感觉。那时候不用人言说，不用人指点，自我也会感觉应该继续学习提升。这时候就是“学文”的“余力”有了，时机到了。

我们做人做事、为人父母有没有达到这种状态呢？我们教育子女有没有尽心尽力呢？我们有没有培养孩子尽心尽力做人行事的高贵品质呢？摒弃浮躁，摒弃功利主义，做到踏实践行，尽心尽力，尽善尽美。如此，若仍有“余力”，才是真“余力”。那是不是可以以“无余力”为由，只力行，而不学文呢？这不是《弟

① 胡乃波译注：《论语》，华龄出版社 2017 年版，第 3 页。

子规》所阐发的本意，也不是儒家思想的本意，《弟子规》言“**不力行，但学文，长浮华，成何人；但力行，不学文，任己见，昧理真**”。不能“但力行不学文”，更不能本末倒置地“不力行，但学文”。虽然力行与学文在儒家思想里似乎确有本末、先后的区别，但两者实则不可偏废。正如我们不能借口工作忙无时间学习，借口工作忙无闲暇教育孩子一样，力行与学文的辩证关系要在学、思、行的实践中深刻把握。

第二，体现先来后到的关系：做好孝、悌、谨、信、爱众、亲仁，努力践行，若行有余力，就学文。孝、悌、谨、信、爱众、亲仁之间的内在关系不是简单的先后关系，而是由内而外，推己及人的意思，蕴含着一种哲学上的认识论与实践论的精神。认识上，我们由内而外地求，由内心始，而泛爱众。“首孝悌”表明在儒家的思想里，“孝悌”是内在的、根本的，和个体的内心、灵魂与精神世界是一体的。“孝悌”是个体心之所指，心之所安。安好“孝悌”之心方能爱人、亲仁、达仁。这是儒家“己欲立而立人，己欲达而达人”的“仁”的精神内核。[①]“能近取譬，可谓仁之方也矣”[②]，遵循立人、达人之道，遵循由孝、悌、谨、信、爱众、而亲仁的实践路径，推己及人，是“亲仁”“立仁”“达仁”的最高准则了。

第三，要积极进取，不可怠惰。这句话隐含着这么一层意思：行有余力，就要学文。“则学文”三个字中的“则”字语气坚定、毋庸置疑，可以解释为“就”，和“有余力”是一种承接关系，整句的意思就是说：**行有余力就要学文**，而不是怠惰或者干别的什么事情。这层意思不容易被发掘，但是细品《弟子规》后文，就会发现鼓励子孙

---

①② 胡乃波译注：《论语》，华龄出版社 2017 年版，第 69 页。

身体力行孝、悌、谨、信、泛爱众、亲仁，行有余力一定要学文确实是《弟子规》的本意。后文“**余力学文**”部分讲到“**不力行，但学文，长浮华，成何人；但力行，不学文，任己见，昧理真**”深刻地揭示了**力行**与**学文**之间的辩证关系，和孔子“**学而不思则罔，思而不学则殆**”的辩证思想如出一辙。这等我们讲到这部分内容的时候再详细展开。

现在我们反过来看，“学文”的“文”是指什么？为什么儒家思想中，要把“文”放在孝、悌、谨、信、泛爱众和亲仁之后？它不重要吗？不是的。实际上学文很重要。《弟子规》秉承《论语》行有余力则学文的思想，是想说明践行孝、悌、谨、信、泛爱众而亲仁，比学文更加重要，而不是对学文重要性的否定。就像我们常说的教育信条：“千教万教教人求真，千学万学学做真人。”表明在教育中，教学生求真和学做人的重要性，但并不表示教人做事、教人技能、学知识、学技术就不重要。这体现的也是儒家教育思想中的辩证法。

那“学文”是指学什么呢？一些文本直接翻译成“读书学习”，这是很含糊其辞的。《易·贲》曰“**观乎天文，以察时变；观乎人文，以化成天下**。”①此处“人文”指以文明教化于人，使社会和谐。按儒家思想观点，则是以“文”使社会至臻于“仁德”。《论语》之中多处出现“文”的表述。例如“**质胜文则野，文胜质则史**。**文质彬彬，然后君子**。”②此处“文”当指人文修养而使一个人展露出来的气质。君子应兼具质朴的本性和人文的修养。又如“**君子博学于文，约之以礼**”③，“**子以四教：文、行、忠、信**”④，此两处的“文”均指人

---

① 马恒君注释：《周易》，华夏出版社 2001 年版，第 193 页。

②③④ 胡乃波译注：《论语》，华龄出版社 2017 年版，第 64、68、78 页。

文，泛指人文典籍等。因此，《弟子规》中“则学文”的“文”应该是儒家经典，主要是由孔子主持编写的“六经”：《诗经》《尚书》《礼记》《春秋》《易经》《乐经》（已失传）和“四书”：《论语》《孟子》《大学》《中庸》（因《乐经》以失传，通常称之为“四书五经”）。如果按照《弟子规》作者所处朝代——清朝，那么“文”应当还包括宋明理学家所著典籍，如北宋程颐和程颢、南宋朱熹、明朝王阳明等人的作品。也就是说，“学文”可以认为是指学习儒家经典、学习礼乐射御书数等技能。按照我们今天的话来讲，**“有余力，则学文”的精髓就是：努力践行仁德，注重道德修养，若还能行有余力，那就要学好知识、技能**。这句话真是说得妙啊。这就把“品德修为”与“知识技能”学习的关系讲清楚了。“品德修为”提升相比于“知识技能”学习，哪一个更重要呢，在儒家思想看来，当然是品德修为的提升更重要，所以强调“有余力，则学文”，强调践行仁德的重要性。联系实际，我们会看到不少家长真是本末倒置了——恨不得让孩子一夜之间把所有的知识都装进脑袋里，把所有的技能都掌握在手里，却忽视了对孩子道德品行的教育。等到孩子恶习难改时，真是后悔莫及。在这个信息大爆炸的时代，知识和技能是根本就学不完的，而孩子道德品质的养成教育却是时不我待的。孩子道德品质、行为习惯、文明礼仪的培养始于家庭教育，行于学校教育，终于社会教育。家庭教育是孩童教育的起点，是孩子成人成才的关键所在。父母是孩子的启蒙老师。难道一定要等到孩子吃了亏、受了挫、犯了罪，做父母的才醒悟过来家教的重要性吗？才知道父母的教育与自我教育的重要性吗？

我们怎样做父母呢？《弟子规》所言皆是父母言行的规范，且是父母孩童时代就应该谨记和遵循的规范。成人学《弟子规》实乃亡羊补牢。然而亡羊补牢，其时未晚也。《论语》言“**仁远乎哉？我欲仁，斯仁至矣**。”①意思是说：仁德离我很远吗？不是的，只要我想到达仁德，仁德就来了。所以，为人父母者，想要做合格的父母，想要对孩子施加积极的教育影响，首先要有力行与学习的信念，要摆正仁德之心。当你下定决心力行和学习，你所期望的好的改变自然就会产生。《弟子规》告诉我们孝悌、谨信、泛爱众、亲仁是孩童时代最重要的力行和学习，礼仪、规范、习惯的培养是孩子最需要的教育。遗憾的是父母或长辈往往忽视了这一点，让孩子陷于“重智轻德”的扭曲教育常态之中。

“重智轻德”的教育给我们的教训是惨痛的。云南大学马加爵宿舍杀人案；北大高材生吴谢宇弑母案；留美中国学生龚宇伟弑母案……这样血淋淋的事实不想再多列举了。如果说这是偏激的个别案例，那么我们再来看看自己身边的案例：多少人抛弃妻子只为一己私欲？多少人全然不顾父母含辛茹苦的抚养，拒绝赡养年迈的父母？多少人为了分割家产，兄弟反目成仇、姐妹形同陌路？多少人自私自利只爱自己，冷漠至极？多少人视诚信如草芥？多少人目无尊长、自高自大？多少人毫无仁爱，对人颐指气使？……我们身边这样的例子还少吗？

这些高智商的“屠夫”，自私自利之徒、品德低劣之徒是应该被唾弃的。可是我们是否想过：是谁造就了这些高智商的“屠夫”？是谁造就了这些自私自利的人？是谁培养了这些品德低劣的主儿？是谁养育了那些抛妻弃子的败类？是谁养大了那些不肖子孙？……你就只关心孩子聪不聪明，学到什么知识和技能，却不关

① 胡乃波译注：《论语》，华龄出版社 2017 年版，第 80 页。

心孩子是否善良、勇敢、大度、孝心、仁爱吗？如果这样，将来你可能会追悔莫及。

远的不说，我给大家举一个我亲历的例子：有一次，我带我的孩子到大学里体验生活一周。最后一天，我和孩子坐地铁回家。地铁正值人流高峰期，很拥挤。我们上车的时候已经没有座位了——没座位是地铁的常事，我和孩子站着——没有人让座。当然这不是我要说的重点，因为让不让座是别人的自由，不可苛求。我要说的重点是：地铁过了两站后，有人下车了，空出了好几个位置，我坐下来了，我的孩子也坐下来。有一个母亲带着两个小女孩（都大约 6 岁的样子），这两个孩子迅速把我旁边的两个座位占了，她们的妈妈站着。其他没有座位的乘客也站着。我坐定之后，就把孩子抱起来坐在我的膝盖上，孩子对我说："爸爸，为什么我不能坐呀？"我说："孩子，你比较小，而且是免票的，爸爸抱着你也轻松，而且可以让出一个座位来给需要的人坐。"我并不想批评那两个孩子不懂让座、目无尊长，我要批评的是那个母亲：你身为长者，却没有好好地教育自己的孩子，将来不仅你自己吃亏，孩子也要吃亏！你自己站着的时候，你是不是以为你是在爱护你的孩子？——我想很多家长都是这么想的，恨不得把自己的心都掏出来给你的孩子，然后看着带血的心还灿烂地对孩子说：孩子，我是这个世界上最爱你的人！你真的觉得这是爱吗？不是的，你只会让孩子认为你对他的爱是理所当然的，你只会诱发他们自私自利的根苗，你只会培养他目无尊长的傲气！你让两个孩子占据座位的时候，有没有想过旁边站着的长者？你有没有为孩子树立一个榜样？什么榜样？《弟子规》里面说了：**"长者立，幼勿坐，长者坐，命乃坐！"**这句话的意思很简单：长辈站着，后辈就不要坐着，否则就是不礼貌，没教养！长辈先坐下来，叫你坐下来你才坐。而不是像现在，客人、长辈都还没有落座，小孩子就开始把桌椅都占据了。这叫没“家教”。你以为你教孩子让座是“吃亏”了，殊不知正是这种“吃亏”让她将来能够收获“福气”！什么叫“**吃亏是福**”？说的正是这个意思！千万不要曲解了。想想我小的时候，家教是挺严格的：客人先上座、好吃的客人先吃、客人多，孩子不上桌。那个时候物质比较匮乏，所以要“礼让”客人也是情理之中，但是这些礼节、行为规范的养成真的让我受用无穷！至少让我学会了礼让，学会了站在他人的角度思考问题，能够多为对方考虑，即孔子说的“**能近取譬**”。不要觉得这是小事，也就是一个小小的行为而已，没必要大惊小怪的。**种下一种行为，收获一种习惯，种下一种习惯，收获一种性格，种下一种性格，收获一种命运！**现在一个小小的行为习惯，将来可能成为决定你命运的性格！所以不要忽视家庭教育，不要忽视孩童的文明礼仪、行为规范和生活习惯的教育。从小在孩子心灵里种下的根苗，将来有一天是要成为影响他一生的命运之剑的。

所以，不能以现在物质丰盈，不缺吃少穿为借口，不注重孩子尊老爱幼、待人接物等良好行为习惯的养成教育！良好道德品质和行为习惯的养成让人终身受益。它是一种可迁移的品质，它让你在社会生活的方方面面都能受益。它不像知识和技能，只有特定的场合才有用，比如你善于捕鱼，这本事只有你捕鱼的时候才有用。而品性却可以照亮你生活的每一个角落！

二、入则孝

从“**入则孝**”这个部分开始,《弟子规》就围绕“总叙”而展开了。这个部分是专门讲子女应如何行孝的。《弟子规》对于什么是孝,为什么要行孝这样的学理问题本身不关注——这也是蒙学教材的特点——直接指向具体的行为规范。后文的“出则悌”“谨”“信”“泛爱众”“亲仁”“余力学文”都是如此。《弟子规》只告诉你如何做。《弟子规》之所以可以作为儿童乃至成人行为规范的指南,就是因为它直接指向“力行”而不是说理(说理仅仅占据一小部分内容),**对如何规范儿童的行为具有很强的指导性**。所以《弟子规》是家庭教育最好的读本之一,每一位父母都应该读一读。

“**入则孝**”一共有 56 句,168 个字。其中详细具体地规定了子女的“孝行”。我把它们归纳概括了一下,包括这六个方面:**应答敬听、侍寝、心安、谏过、侍病、服丧**。

(一) 应答敬听

原文:父母呼,应勿缓,父母命,行勿懒;父母教,须敬听,父母责,须顺承。

译文:如果父母呼唤你,要及时应答,不要故意拖延迟缓。如果父母叫你做什么事,应该赶紧动身去做,不要偷懒;父母对你进行教诲,要认真虔敬地听,不要觉得烦。父母责怪你,要态度恭顺,不要当面顶撞。

这短短 24 个字就把应答父母的呼、命、教、责四个方面的规范讲清楚了。“呼”就是普通的呼唤,对之以“勿缓”。父母叫你,赶紧应答，赶紧去父母跟前，不要拖拖拉拉的，因为不是什么急事，所以不必横冲直撞，有失礼数。有些孩子，面对父母的呼唤，半天不答应，即使听见了也假装没听见，只顾沉浸于电子游戏、短视频等，多叫几次还不耐烦。至于父母让他们做点家务事什么的，那更是扭扭捏捏，一百个不愿意。这不禁让人想起那个《父亲、儿子和麻雀的故事》①：

宁静的午后，一座宅院内的长椅上，并肩坐着一对父子，风华正茂的儿子正在看报，垂暮之年的父亲静静地坐在旁边。

忽然，一只麻雀飞落到近旁的草丛里，父亲喃喃地问了一句"那是什么？"儿子闻声抬头，望了望草丛，随口答道："一只麻雀。"说完继续低头看报。

父亲点点头，若有所思，看着麻雀在草丛中颤动着枝叶，又问了声："那是什么？"儿子不情愿地再次抬起头，皱起眉头："爸，我刚才跟您说了，是只麻雀。"说完一抖手中的报纸，又自顾自看下去。

麻雀飞起，落在不远的草地上，父亲的视线也随之起落，望着地上的麻雀，父亲好奇地略一欠身，又问："那是什么？"儿子不耐烦了，合上报纸，对父亲说道："一只麻雀，爸爸，一只麻雀！"接着用手指着麻雀，一字一句大声拼读："摸—啊—麻！七—跃—雀！"。然后转过身，负气地盯着父亲。

老人并不看儿子，仍旧不紧不慢地转向麻雀，像是试探着又问了句：

"那是什么？"这下可把儿子惹恼了，他挥动手臂比画着，愤怒地冲父亲大嚷："您到底要干什么？我已经说了这么多遍了！那是

---

① 故事来自网络，https://www.jianshu.com/p/16cde4b6562d。

一只麻雀！您难道听不懂吗？”

父亲一言不发地起身，儿子不解地问：“您要去哪里？”父亲抬手示意他不用跟来，径自走回屋内。

麻雀飞走了，儿子沮丧地扔掉报纸，独自叹气。

过了一会儿，父亲回来了，手中多了一个小本子。他坐下来翻到某页，递给儿子，点指着其中一段，说道：“念！”

儿子照着念起来：“今天，我和刚满三岁的小儿子坐在公园里，一只麻雀落到我们面前，儿子问了我21遍‘那是什么？’，我就回答了他21遍，‘那是一只麻雀。’他每问一次，我都拥抱他一下，一遍又一遍，一点也不觉得烦，心里想着我的乖儿子真是可爱……”

老人的眼角渐渐露出了笑纹，仿佛又看到往昔的一幕。儿子读完，羞愧地合上本子，强忍泪水张开手臂搂紧父亲……

每每读到这个故事都令人泪目。父母对孩子的爱像永不枯竭的源泉，可是子女对父母的“孝”却经不住四次“那是什么？”的考验。这是多么残酷的现实。因此，不要说子女对父母“爱”有多深，能做到时时“敬”父母就已经很不容易了。可见，儒家所讲的孝道并不是虚无的，也不是大唱高调，而是很务实的。所以我们常说孝敬父母，这个“敬”字真的很妙。可惜我们常常只看到虚指的“孝”，而忽视了诚心诚意地“敬”父母才是孝行的真正起点，才是衡量孝行的标尺。“敬”着眼于事，体悟于心。孝敬父母，先从“事”入手，把父母要求的事做好，做到勿缓、勿懒、敬听、顺承。由事而入心，达到“敬”于心。赡养父母，先从“养”入手，进而“敬养”。如果连“养”都做不到，谈何“敬”，谈何“色悦”呢。

其实，父母对子女的“孝”的要求非常简单，就是“老而能养”。但我们做子女的不要认为对待父母“老而能养”就算尽到孝道了。

“老而能养”是父母对子女的最低期望了,甚至是一种近乎“卑微”的期望:等我老了,你能给我一个地方住,有一口饭吃,就算对我尽孝了!现代人常常认为:父母老了,送去最好的敬老院就算尽大孝道了。能给父母安度晚年之所,当然不能说是不孝,但在儒家的孝道思想看来,孝行如果缺乏“敬心”“色悦”的加持,那不是真孝道。《论语》里讲到“子游问孝”,子曰:“今之孝者,视谓能养。至于犬马,皆能有养;不敬,何以别乎?”①是啊,对父母的孝,如果无“敬”的加持,单纯只强调“养”,那么养父母和养家畜家禽有什么分别呢?这道理几千年前就被说得如此深刻了,可是当今社会,对父母重“养”轻“敬”的观念和行为依然普遍。

当然,关于孝行,《论语》中讲述孝行还有其他一些标准,也不单指“敬”而已。如孟懿子问孝,孔子说:“无违。”孔子的弟子樊迟问他“无违”是什么意思,孔子说:“生,事之以礼;死,葬之以礼,祭之以礼。”②父母活着的时候以礼相待;去世了,以礼安葬;每年清明,以礼祭扫缅怀。如果轻视对父母活着的时候“事之以礼”,却把精力放在死后那短暂的“风光大葬”,实在是悖理啊。孔子的弟子子夏问孔子什么是孝?孔子说:“色难。”就是说孝敬父母,最难做到的还是对父母和颜悦色。行孝道,养也好,礼也好,敬也好,最难的还是“色难”。就是要对父母做到和颜悦色。养而无悦色是轻慢,礼而无悦色是作秀,敬而无悦色是无情。之后孔子又反问道:“有事,弟子服其劳;有酒食,先生馔,曾是以为孝乎?”③意思就是,仅仅有了事情,儿女帮助父母做,有酒饭,让父母吃,那不算是真正尽到孝了,至少这不是孝的本质和真意。

---

①②③ 胡乃波译注:《论语》,华龄出版社 2017 年版,第 13—14 页。

“父母命，行勿懒”，“**命**”一定是比较正式、严肃，甚至不是那么容易做到的事情，对之以“勿懒”。懒惰是人的弱点。人生天地间，有头脑、四肢健全，只要不懒惰，都能营生。俗话说“勤耕不富饥寒少”，就是说只要勤奋，哪怕不富裕，也不至于饥寒交迫。因此父母命子女做点事情，子女就怕这个懒字来作怪。儿童极易生惰性，比如做家务，叫孩子去洗碗，他不去！这就是懒。现在的孩子衣来伸手、饭来张口，面对父母“命”能够不懒就不错了，更别说主动帮父母承担家务了。**千万不要小看儿童做家务，看似简单，实则不然。做家务可以培养儿童勤劳的习惯，可以培养儿童的生活能力，可以培养儿童的家庭责任感，可以让儿童对父母的辛苦感同身受。父母和儿童一同做家务，也可以促进亲子间的情感交流**。古人对于通过做家务培养儿童良好的行为习惯是看得非常重的，《弟子规》把对父母呼、命、教、责的应答归为“孝”，可见重视程度。也可见儒家“孝道”思想中，对什么是“孝”理解得非常独特而内在的。《论语》里指出了对“孝”的正确理解做法和与之相对的错误理解和做法，现在看起来，依然非常具有现实意义。

《朱子治家格言》里开篇第一句就是“**黎明即起，洒扫庭除，要内外整洁；既昏便息，关锁门户，必亲自检点**”。古人很看重在生活的细节中来权衡一个人的品性。古人相信没有好的行为习惯就不可能有好的品性。常言道“**一屋不扫，何以扫天下**”。清朝刘蓉在**《习惯说》**中也有类似的话：“**一室之不治，何以天下家国为?**”可见，**道德品行的养成要从日常生活中的点点滴滴做起，从行为习惯做起，然后才能由小而大、由此及彼、由自身而众人、由家而国，从而成就一番事业**。所以父母可以“命”孩子做点力所能及的事情，如自己整理衣物、自己穿戴、自己洗漱、自己洗鞋袜，让孩子帮忙做家务，共同承担家庭责任，比如让他（她）负责照顾家里的一盆花等，这才是对孩子的“真爱”！

“父母教，须敬听”，**“教”**即教诲。面对父母的教诲，最忌孩子不耐烦，因此以“敬”规约。这个“敬”字我认为用得极好，一字千金。**“敬”强调的是一种态度**。《弟子规》的用词真是考究。它没有说，父母教，你必须听，因为父母所教也有可能是不对的。父母对你所教是对还是不对都不是最重要的，最重要的是子女须“敬听”，也就是说要恭恭敬敬地听父母说完，然后**“有则改之无则加勉”**，不可表现出不耐烦，当面顶撞，甚至父母呼而不应。对父母不敬是青少年最容易犯的错误，青少年血气方刚，渴望成长，不想被父母束缚，所以面对父母的“教”常常会不耐烦、回避甚至顶撞。生活中我们经常可以见到任性哭闹、一味索取，不懂体谅父母的儿童，自私利己，稍不满意就对父母大吼大叫甚至拳脚相加的成人。这些**精致的利己主义者们的思维就是：只要个人意愿不被满足，就仿佛全世界都欠他的**。我们自己也有这样的体会，自己犯了错，或者自己不会的，父母教，可能还能够因为心虚而做到“敬听”，最难的是面对**父母的“唠叨”，还能做到“敬听”，这才是真正的孝**。《论语·为政》里记载“子夏问孝，子曰：‘色难’”①，意思是孔子的弟子子夏问孔子：**什么是孝？行孝最难的地方在哪里？孔子说最难的是给父母以好脸色**。的确如此。无论父母对与错，无论父母对你什么态度，任何时候你都能做到和颜悦色吗？很难。“孝”的道理都懂，但是实施起来真的很难，俗话说**“久病床前无孝子”**啊。子女必须不断地提高自己的内在修为，克服“色难”，朝“孝”的方向努力。反过

① 胡乃波译注：《论语》，华龄出版社2017年版，第14页。

来想，如果孩子不孝，父母难道没有责任吗？

“父母责，须顺承”，“**责**”就是责备。面对父母的责备一定要“**顺承**”，顺着父母的气，不当面顶撞。前文已讲，对父母的“教”，应报之以“敬听”。面对父母的责罚，除了敬之外，还应顺承。父母的责或许有对错，罚或许有轻重，真正的孝子是“**打不还手，骂不还口**”的。现在的青年，不要说顺承，能够敬听就非常了不起了，顶撞父母，令父母伤心，甚至打骂、伤害父母都不是新鲜事。可能有人会说，难道父母无论对错，无论说什么，我都要顺着他们吗？父母叫我犯错我也要顺着吗？如果这样理解，你就理解错了。这里的“顺承”当然更多的是指子女对待父母的态度，包括对待父母犯错时的态度——人都会犯错，父母也不例外。但绝不是叫你毫无原则，是非不分，也不是叫你粗暴对待父母的过错。《弟子规》讲得明白，“亲有过，谏使更，怡吾色，柔吾声；谏不入，悦复谏，号泣随，挞无怨。”面对父母的过错，“悦谏”就是最合适的态度和行为。怎么做呢？后文会具体阐述，此不赘述。

从“呼，勿缓”“命，勿懒”“教，敬听”和“责，顺承”来看，它们是层层递进的关系。“勿懒”包含“勿缓”的意思，“顺承”包含“敬”的意思，不敬非顺承。因此从整体来看，子女对父母的“孝”表现为：**对父母呼、命、教、责的每一种行为，都要做到勿缓、勿懒、敬听、顺承。而其中“敬”是最重要的，近乎孔子说的“色难”——和颜悦色。**

（二）侍寝

原文：冬则温，夏则凊，晨则省，昏则定。

译文：冬天寒冷，要给父母温好床，再让父母入睡。夏天炎热，要把父母的床扇凉爽才请父母休息，早晨起来要向父母问好请安，晚上要侍奉父母安定地入睡。

“冬则温，夏则清”来源于一个典故。《三字经》说**“香九龄，能温床。孝于亲，所当执。”**意思是说有一个叫黄香的九岁小孩，小小年纪就知道孝顺父母。他母亲早逝，每当夏天炎热的时候，他就把父亲睡的枕席扇凉，赶走蚊子，放下蚊帐，让父亲能够睡得舒服；冬天寒冷的时候，他就先睡在父亲的床席上，用自己的身体把冰冷如铁的床铺暖热，再请父亲睡到温暖的床上的故事。《弟子规》借这个典故来教诲子女**“孝于亲，当所执”**，即孝敬父母，是为人子女必须做的事情。有些文本把这句话翻译为：冬天要让父母的身体保持温暖，夏天要让父母的身体保持凉爽。这是望文生义，莫名其妙的解释，不可取。《弟子规》通过活用这个典故告诉做子女的，对父母的“孝”是表现在行为中的，就像冬天帮父母温床，夏天帮父母扇凉一样，只有在行为中才能见“孝心”。当然，我们今天来读《弟子规》，绝不是教导孩子也学黄香，冬天用自己的身体帮父母暖被窝，夏天用扇子在床边帮父母把床铺扇凉快，如果这样做就过于迂腐，把《弟子规》学死了。我们今天有今天的孝顺方式，我们有空调，冬天帮父母打开电热毯，夏天帮父母提前开好空调，让房屋冬暖夏凉，这就是孝行。我们要从《弟子规》中领悟孝行的精髓并努力践行，而不是背条文，迂腐模仿！

“晨则省，昏则定”。省，有看望的意思，我们把回家探亲说成“省亲”。**“晨则省”**就是早晨起床后要去探视父母，向父母问安。“定”表示安定的意思，这个字在古象形文字中表示的是一只脚走向房屋。一个人回到家中，当然就表示安定下来了。所以**“昏则定”**就是晚上让父母能够安稳地入睡，而无所担忧。不像现在有些青年，大半夜不回家，在外面吃喝玩乐，自己很欢乐，却让父母担忧，不能安定地入睡，这些都是“不孝”的行为。

（三）心安

心安就是子女让父母感到心安，无所牵挂，不会因子女而担惊受怕。如果父母为子女感到担惊受怕，那是子女的不孝。子女应当反思改正。“心安”这部分内容相对较多，共60个字，先抄下来，再一一讲解。

原文：出必告，反必面，居有常，业无变；事虽小，勿擅为，苟擅为，子道亏；物虽小，勿私藏，苟私藏，亲心伤；亲所好，力为具，亲所恶，谨为去；身有伤，贻亲忧，德有伤，贻亲羞。

译文：外出时，一定要告诉父母自己的去向，回来了一定要第一时间向父母报平安，居有定所，而非颠沛流离，谋生工作不要经常变动；需要跟父母商量的事，即使很小，也不要自作主张，而应当与父母商量后再做决定，如果自作主张，有失孝道；好东西，即使很小，也不要私自据为己有，而应该敬奉父母，如果私自据为己有，恐怕伤了父母的心；父母所喜欢的，要尽力满足，父母所讨厌的，要小心谨慎地不要去触碰；子女身体受伤，就会让父母担忧，子女德行有损，就会让父母蒙羞。

这几句话，从出入、做事、奉亲、好恶、保身、亲仁六个方面教诲子女该怎么做才算“孝行”，每一个方面又从正、反两个方面强调，如果“不孝”，父母会怎么样的道理。如子女应当爱护自己的身体，否则父母会担忧。子女应该亲仁，如果仁德受损，父母就会因此蒙羞等，都是从正反面来规定子女的“孝行”的。

“出必告，反必面，居有常，业无变”。“出”，外出。“告”，告诉。“反”通假字，通“返”，即回来的意思。“面”，当面面见。“居”，住所。“常”，稳定，有规律。“业”，事业、生路。“变”，变化。这四句话讲述了一个简单的道理，就是子女不要让父母担忧。**子女能让父母心安即为孝**。古代社会，不像现代社会这样交通便利、通信发达。无论你走到哪里，只要有一部手机，打个电话，马上就能知道你在哪里。古代社会信息闭塞，即使在一个村子里面，如果你不说去了哪里，要找到你也不容易。为了避免父母担忧，作为孝子，出门时，特别是出远门时，应该告诉父母你的去向，大约什么时候回来，去干什么，和什么人一起去……都要和父母讲清楚，以免父母牵挂、不得安宁。我小的时候，和父母住在一个小山村里，这个小山村不太大，也就几百号人，几十户人家，那时候还没有手机，连座机都少有，父亲特别喜欢晚上出去玩，和朋友喝酒。有一次，父亲很晚了还没有回来，母亲非常担心，但是又不知道他去了哪里，没有办法，她只好背着我全村子挨家挨户到父亲可能会去的人家找，结果还是没有找到，直到大半夜了，父亲自己喝得醉醺醺地回来，这让母亲非常伤心、非常气愤。人同此心，父母对子女的担忧肯定比这个更甚。所以“**出必告，反必面**”是孝子必须遵守的行为规范。推而广之，学生对老师、朋友对朋友、亲人对亲人又何尝不是应该做到“出必告，反必面”，省得让爱你的人为你操心、牵挂。我自己做了老师以后，对这点特别有感触，每一次放假，都会要求学生们回到家了，发一条短信给我报平安，但是只有少数的同学会发。我也告诉学生来到学校了，一定要给父母报平安。后来自己为人夫、为人父，对“出必告，反必面”就更加感同身受了。

“**居有常，业无变**”是“**出必告，反必面**”的进一步具体化。只有做到居有定所，谋业不经常变动，即“有常”和“无变”，父母才能心安。**让父母找不到你而担惊受怕是子女很不孝的行为**。为人子女者，应该认识到这一点，要善于站在父母的角度思考问题，尽可能不让父母为你担忧。我们可以想一想，如果你“居无常、业常变”，今天跟父母说在哪里、做什么？明天却不知所踪，那父母会多么地担忧。反之，你“居有常，业无变”，那就等于每天都在告诉父母你在哪里、在做什么，即使不说，父母也不担心，因为父母知道你在哪里，在做什么。所以“**出必告，反必面，居有常，业无变**”这四句话里，最重要的是“**有常**”和“**无变**”，而不是“**告**”与“**面**”，因为如果你“有常”“无变”又何必“出必告，反必面”呢？就好像你每天都在一家单位上班，恐怕也没有必要每天都要告诉爱人或父母你去上班了吧。从这个意义上讲，“告”与“面”实在是为抚父母心安的不得已行为。什么时候，子女能够“不告”“不面”父母也心安，那就真的做到“孝”了。所以，**所谓孝道，除了行为举止要尽量让父母感到心安外，更重要的是有一个稳定幸福的家、一份能养活家人的稳定的工作。如果能够“父母在，不远游”，一家人享受天伦之乐，那就算是至孝了吧。**

“事虽小，勿擅为，苟擅为，子道亏。”“事虽小”这三个字，有些文本翻译成：事情虽然很小。我认为不准确。“虽”在古文里，还有“即使”的意思，我认为此处翻译成“即使”更恰当。就是说，即使很小的事情，在作出决定或采取行动之前，也应该多和父母沟通、商量，听取长辈的意见，以免犯下错误。遇事“勿擅为”也是“孝”的规定。如果“擅为”，那就有失做子女的本分了。

但是细想，仍然有疑问。什么疑问呢？如果事无巨细都需要跟父母商量、沟通才能决定、才能去做，那这个“孝子”即使不是无能，也要把父母烦死。所以肯定不是什么鸡毛蒜皮的小事都要经过父母同意，如果不经过父母同意而擅为就是“不孝”，就会“子道亏”。如果《弟子规》这样来定义子女的“孝行”，那就不值得学习了。那什么样的事情应该和父母商量，听取父母的意见呢？我想肯定是必须或应该和父母商量的事情，比如携父母一起出行，是坐车好呢？还是走路好呢？坐车是要坐火车好呢？还是坐汽车好？又或者坐船坐飞机好呢？这是小事情，但是应该和父母商量，听取父母的意见和建议的。如果你自作主张，不管父母想法，不管父母愿不愿意，会不会晕车，那的确是“子道亏”了。所以，“**事虽小，勿擅为**”这两句应该翻译为：那些需要和父母共同商量，听取父母意见和建议的事情，即使很小的事情，做子女的也不要自作主张，擅自行动。这样解释，整句话的意思就说得过去，也符合常理了。

“**物虽小，勿私藏，苟私藏，亲心伤**。”这四句的意思，大致和“事虽小”句意思相当。前者说的是“事”，这里说的是“物”。这样，“事”和“物”都说到了。这个“物”可以代指所有的东西，如吃的、穿的、用的东西。这些东西即使很小，也不要私藏，占为己有，否则会伤了父母的心。那么什么小东西，据为己有，不用于侍奉父母，会让父母心伤呢？那一定是公共的东西，而且是好东西。比如别人送给我们的礼品盒。这是属于全家的东西，虽然不是什么珍贵的东西，如果私藏起来，也是不好的。另外“**亲心伤**”这三个字也非常值得揣摩。我们按照常理想一想，哪一个父母不为子女好，想着子女，恨不得子女多占多吃呢？如果别人送的一份小礼品，因为自己的孩子私藏起来，没有给自己，自己就心伤了，这似乎不太说得过去。那既然如此，亲有何可伤呢？我想我们要想想古代的家庭，通常都是一个大家族，几世同堂的，一对夫妻生育的儿女也挺多——反正不会像现在一样通常只有一个或两个。这种情况之下，一个人私藏小东西可能会引起家庭矛盾、引起兄弟姐妹不和，而这才是导致“亲伤”的主要原因。所以对“**物虽小，勿私藏，苟私藏，亲心伤**”的翻译可以是：那些属于家人共有的东西，即使很小，很不值钱，也不能私藏而据为己有，如果这么做了，会导致家庭不和，父母会因此伤心难过的。因为本部分内容讲“入则孝”，就是说讲的是家事，因此“事”和“物”一定是围绕家庭生活而展开的，如果与家庭、父母、兄弟姐妹无关的“事”和“物”恐怕与“孝”也难有关系，所以我认为我上面的翻译是可以自圆其说的。由此也提出另一个值得思考的问题：在一个家庭当中，子女怎样处理家庭中的事、物，哪怕是很小的事、物，都事关家庭和睦，事关长幼孝悌，不可轻视。

综上，这两句实际上已经触及了持家之道。把家持好，保持家庭和睦、兄弟团结，有事大家一起商量，有好东西大家一起分享，那父母就心情愉快了。子女让父母心安、心情愉快，也就达到了“孝”的目的了。所以，在家庭教育中，教会孩子与家庭成员和睦相处、包容礼让，有公心，懂得分享，遇事多与父母、长辈商量，关系家庭利益的事情，即使很小，也不擅自做主，有好的东西要拿出来孝敬父母，这就是“孝行”。

“**亲所好，力为具，亲所恶，谨为去**”。“好”，喜欢。“具”，准备。“恶”，讨厌。“谨”，谨慎。“去”，离开、抛弃。有些文本把这四句翻译为“父母喜欢的事情，应该尽力去做；父母厌恶的事情，应该小心谨慎，尽量不要去做。”我觉得不妥当，“所好”应不只是父母喜欢的事情，这个“所好”文中并无明确所指，所以它应该具有更宽泛的意义，“**亲所好**”的对象应该包括事和物。如父母喜欢的事情，子女应尽力去做，父母喜欢的东西，如好吃鱼，子女应尽力准备。同样，“**亲所恶**”的对象也应该包括事和物，而不仅仅是事情。父母讨厌的事物，子女应小心谨慎，远离它——“**谨为去**”。如父母讨厌抽烟、喝酒，那么你应该尽量不要抽烟喝酒。再如父母讨厌赌博，子女应该远离赌博场，不要沾染赌博恶习等。这也是让父母放心的方式。

此外，**“亲所好”**和**“亲所恶”**不仅仅是指父母的个人好恶。个人好恶是“小好恶”，如个人喜欢唱歌、跳舞、画画、吃冰激凌、吃红烧肉……除了个人好恶，还有“大好恶”，如对社会公平正义的追求、对仁德的追求，对家国天下的情怀，如“好男儿志在四方”的胸襟、“苟利国家生死已，岂因祸福避趋之”的气魄等。这种“好恶”既关系小家，更关系大家。所以，**如果孝敬父母只是满足父母的“小好恶”，那是“小孝”，只有心怀天下、心怀仁德，建功立业，光耀门楣、泽被后世才是“大孝”**。儒家学说所倡导的孝是包括这两个方面的。为什么这么说呢？第一，这符合儒家的家国思想，即由家及国、推己及人的思想路径。**小孝孝亲，大孝孝天下**。至于小孝和大孝之间的关系，古人也讲得很明白，大孝面前，小孝让位于大孝。小孝若与大义相违背，甚至“大义灭亲”。第二，儒家典籍《**孝经·开宗明义**》说：“身体发肤，受之父母，不敢毁伤，孝之始也。立身行道，扬名后世，以显父母，孝之终也。”①明确提出“立身行道，扬名后世，以显父母”②才是终极大孝。第三，如果认为亲之好恶，仅仅是个人好恶，孝仅仅是对父母的小恩小惠，把孝行框定在狭小的家庭之中，停留在迎合父母的个人好恶，这样的孝未免太小家子气。倘若如此，儒家孝的思想便不足以流传千古，更不会被提到**“以孝治天下”**的高度。所以，**我们学习《弟子规》不仅要理解字意，还要理解文意**。所谓“字意”就是汉字的意思，我们查字典就能解决的。而“文意”不是查字典就能解决的，需要了解上下文语境、理解广阔

---

①② 胡平生、陈美兰译注：《礼记·孝经》，中华书局2016年版，第256页。

的文化背景。深刻领会儒家思想，才能从简洁的文字中领会到它深刻的思想内涵，不然就容易断章取义、片面理解，甚至歪曲原意。就像理解**“冬则温，夏则凊”**，需要熟读《三字经》，知道**“黄香为父温床”**的典故，还要从这个典故中领悟儒家倡导的孝道思想和孝行，而不是简单地模仿，也学**“黄香温床”**，这是**“迂孝”**，可笑得很！因此，《弟子规》的家庭教育智慧在哪里呢？我们重点是要**学习它的思想，融会贯通，将之运用于实践**，而不是追求“倒背如流”。**孝行千万种，何必只温床**。家长在运用儒家孝的思想教导孩子的时候一定要注意这一点。**不要把书读死了，不要把孩子教傻了**。

“身有伤，贻亲忧，德有伤，贻亲羞”。这四句讲的是身伤和德伤对父母的伤害。

“身有伤，贻亲忧”两句讲子女身体如果受到损伤，就会让父母担忧。古人对身体看得极为重要，身体有损是大为不孝。所以犯了死罪要处刑的犯人，也恳请留个全尸。身首异处是最没尊严的死法，是对父母的“大不孝”。古人为什么会把身体的完好无损和孝道联系起来呢？一来，无全尸者必无善终，无善终即不孝。二来，古人认为，死无全尸下葬，有侮辱祖宗英灵，是为不孝。回到**《孝经·开宗明义》**所说：**“身体发肤，受之父母，不敢毁伤，孝之始也。立身行道，扬名后世，以显父母，孝之终也。”**意思是说，**你的身体都是天生父母给的，父母给的东西，如果毁伤就是不孝**。好好地爱惜自己的身体，洁身自爱就是孝的开始。你凭借这父母给的身体，行仁德，事业有成，扬名后世，让父母也感受到无上荣光，光宗耀祖了，那就尽到大孝了。

我觉得将爱惜身体与孝道联系起来是具有深刻社会意义的。首先，身体发肤，受之父母，若子女身体有损毁，亲必心伤。前文已经说过，使亲心伤，“子道亏”。第二，教诲子女一定要爱惜自己的身体和生命，而不似现在的很多年轻人那样，随意损坏身体发肤，刺青、穿耳、整容都是小事，更有甚者自伤、自杀。想想实在是不应该啊，对父母来说，子女是心头肉，一点损毁都会心痛。**做子女的千万不要自私自利，自己痛苦，也伤了亲心**。因此要教导子女“**伤在你身，痛在亲心**”的道理。

“**德有伤，贻亲羞**”讲子女的品性有缺陷，道德败坏，就会使父母蒙羞，这也是子女不孝的表现。一人蹲大狱，全家被人瞧不起。一人品德低劣，全家被人戳破脊梁骨。《弟子规》开篇总叙说了，“仁德”最重要。人之为人，首先要亲近“仁德”，提高道德修养并身体力行，有余力则学文。所以要教导子女谨言慎行，不要让自己的名声和德行无端受损，更不要去做那种伤风败俗，自污名声，自贱德行的事情。反过来讲，“**德无伤即为孝**”。一个人品德高尚，众乡邻齐夸赞，父母脸上有光，那也是对父母的孝。所以，所谓孝道，并不是给父母锦衣玉食就算孝道，更重要的是你能让父母心安、自豪，做有德有义的事情，行大德有大义，即使有时候事情考虑得不是那么周全，也不失为“孝”。范仲淹的儿子有一年用船载货物回老家，路遇父亲的老同学，生活困顿。范仲淹的儿子有意接济，但是路途遥远，来不及通报父亲，所以自作主张把货物和船卖了接济父亲的老同学。后来范仲淹得知此事，对儿子大加赞赏，说他做得对。前文说过“事虽小，勿擅为，苟擅为，子道亏”。但范仲淹的儿子并不因为没有和父亲商量就把船和货物卖掉而使“子道亏”，相反以高尚的道德品质和宽厚仁爱的心得到了赞赏。由此可见，孝行也看情境，也是相对而言的，舍小家保大家不失为孝，公而忘私不失为孝。我们学习《弟子规》不可生搬硬套，把它学成条条框框，这就陷入了学习的死胡同里了。

(四) 谏过

谏过,就是劝谏父母改过。这部分包括的内容有12句,36个字。

原文:亲爱我,孝何难,亲憎我,孝方贤;亲有过,谏使更,怡吾色,柔吾声;谏不入,悦复谏,号泣随,挞无怨。

译文:父母爱我的时候,我要做到孝顺父母并不难,但是如果父母对我不好,我仍然能够做到孝顺父母,这种孝才难得;父母有过错,做子女的应该劝谏使父母改过,在劝谏的时候,应该和颜悦色,语气柔和;如果父母听不进劝谏也不要放弃,等到父母心情好的时候再次劝谏,即使父母又哭又闹,大发雷霆,甚至打骂我,我也应该无怨无悔。

人非圣贤,孰能无过?父母也是普通人,也会有犯错的时候。父母作为子女的长辈、启蒙老师,如果做错了事,做子女的应该怎么办呢?是不是依然“**父母命,行勿懒**”,父母要你去做的你就去做?父母也可能有坏毛病,甚至有恶习,是不是依然“**亲所好,力为具,亲所恶,谨为去**”,以满足父母的一切喜好为孝?当然不是。如果这样做恰恰是**迂孝**、**不孝**。那怎么办呢?这就显现出《弟子规》在规定“**入则孝**”时的高明和智慧了。前文刚刚讲完“**心安**”的内容,看起来好像“孝行”就是子女竭力讨好父母的感觉。但紧接着“谏过”这部分内容就跟我们讲了,不是这样的,父母也会犯错误。面对父母的错误,我们的“孝行”就是竭力劝谏父母,使之改过从善。《弟子规》的这种行文安排,严谨而智慧:一方面帮助我们把上下文联系起来。让我们辩证地理解“孝行”:孝行不是一味地讨好父母，而是要**“敬”**父母，但是父母有过，也要**“谏”**过。另一方面，把“心安”的内容放在**“谏过”**的前面，表明更重要的还是在于让父母**“心安”**。即使**“谏过”**，也是为了让父母**“心安”**，以行子女之“孝”，而**不是为“谏过”而“谏过”。为“谏过”而“谏过”是简单粗暴的，在儒家看来并不是“孝”**。

“亲爱我，孝何难，亲憎我，孝方贤”。这四句话中“憎”的意思有两层：第一层是父母厌恶、憎恨我，在言语、行为和态度上都表现出不喜欢我；第二层意思是父母令我感到可恶。比如后妈偏心啊，比如妈妈对弟弟偏心啊，令我感到心里不愉快。四句话的大概意思是说：父母疼爱我的时候，我觉得世上只有妈妈好，天下只有爸爸好，因此我孝敬父母并不是什么难事。难就难在如果父母对你态度不好，经常责骂你，甚至厌恶憎恨你，让你也感觉父母可恨的时候，你还能做到孝顺父母吗？如果能做到，那这是真正难能可贵的孝啊。孔子曾经对弟子说孝，说孝最难做到的是**“色难”**，任何时候都能和颜悦色、态度诚恳、恭顺虔敬地对待父母才是最难的“孝行”。关于**“亲憎我，孝方贤”**，最广为人知的例子应该是舜的故事。舜生母早逝，父娶后妈，父母都偏爱后妈所生的弟弟象，而恨不得舜死——这样的父亲也是离谱了！《史记·五帝本纪·虞舜》记载**“舜父瞽叟盲，而舜母死，瞽叟更娶妻而生象，象傲。瞽叟爱后妻子，常欲杀舜，舜避逃；及有小过，则受罪。舜事父及后母与弟，日以笃谨，匪有解。”**[①]意思是：舜的父亲瞽叟眼睛瞎了，母亲早逝，瞽叟后来取了个妻子，生了个儿子叫象，象非常地傲慢。瞽叟偏爱后妻，受到后妻蛊惑，常常想要杀掉舜，舜只好逃避；每次舜犯了什么

① ［西汉］司马迁：《史记》，台海出版社 1997 年版，第 3 页。

小错误，就受到父亲和后妈的严厉的惩罚。但是舜不因此而怨恨，还是尽心尽力地服侍和孝顺父亲和后妈，友爱弟弟象，而且对父母和弟弟感情日渐深厚。后来父亲、后妈和象都深受感动，彼此的矛盾也就化解了。

所以，我们对待父母就应该“**以德报怨**”。以德报怨最早是来源于老子的思想，而非儒家思想。《老子》(也叫《道德经》)第六十三章说“**大小多少，报怨以德**”①。实际上，孔子是不赞成“以德报怨”的，《**论语·宪问**》中记载：“**或曰：以德报怨，何如？子曰：何以报德？以直报怨，以德报德**。”②什么意思呢？意思就是：有人对孔子说：以德报怨，你觉得怎么样？孔子回答说：如果以德报怨的话，那用什么来报德呢？应该以直报怨，以德报德。“直”就是正直、正义。如此看来，只有对父母的怨，孔子才赞成“以德报怨”的。但在我看来，“以直报怨”和“以德报怨”这两者并不矛盾。孝顺父母也有“以直报怨”的时候。什么时候呢？前文讲过了，对父母“谏过”的时候。但最根本的还是“以德报怨”。因此，孝顺父母是“德”与“直”统一的。

关于“**色难**”，我们可以联系下现实。父母养育你的时候，供你读书的时候，给你生活费的时候，给你买手机、买房子的时候，你觉得很感动，信誓旦旦将来一定要报恩，也对父母百般温顺和讨好，可是当你长大成人，成家立业，能自食其力了，父母不能给你更多了，你却把父母晾在一边，觉得父母老了，面目可憎，是累赘。这种人在我们的生活中大有人在。**其实父母真正需要你的孝行的时**

---

① 老聃著，饶尚宽译注：《老子》，中华书局 2006 年版，第 153 页。

② 胡乃波译注：《论语》，华龄出版社 2017 年版，第 166 页。

候,不是他们年轻力壮的时候,而是年迈病弱无力的时候。父母年迈时,子女是否能履行赡养义务(与贫穷富贵无关)才是对孝的真正考验。

俗话说“久病床前无孝子”,父母生病了,真正需要你照顾了,照顾一天两天还能和颜悦色,问寒问暖;照顾一个星期两个星期会不会心生不耐烦?照顾一个月两个月会不开始觉得父母面目可憎了?要是照顾一两年还卧床不起,会不会骂父母“老不死”,任其自生自灭了?这就是“**色难**”。这跟交朋友一样,顺风顺水时,都是朋友,真正有难时,大多数朋友都避之不及。

亲憎我时,我一如平常一样孝顺;亲令我憎时,我也一如平常一样孝顺。要做到这一点非常困难,说教通常是不受用的。**孝心孝行是需要从小培养的**。等到需要孩子“行孝”的时候你才临时抱佛脚,现场读《弟子规》教导,为时已晚了。要在生活的点点滴滴中培养孩子的孝行和孝心。让孩子把孝心和孝行融入自己日常行为和思想观念中,把孝行当成一种习惯,把孝心当成一种信仰,这样孩子长大了才会真正行孝。现在的孩子都是金枝玉叶,年轻的父母爱孩子胜过爱自己的生命,愿意把一切都献给孩子,这是父母的伟大之处。但一味地付出并不一定能换来真诚地回报,只有让孩子感受到父母为自己付出是不易的、艰辛的,需要去珍惜和回报的,才能培养孩子的感恩之心。做父母的应当谨记:孩子的孝心和感恩之心应该从小培养,不可溺爱!

孝心归根结底是感恩之心。如何才能**让孩子对父母心存感激?唯一的办法就是让孩子明白父母对你的爱不是理所当然的**。**父母不图你的回报,但是不等于你可以不回报**。许多年轻的父母不懂得这个道理,一味地溺爱孩子,真的是把孩子捧在手里怕摔了,含在嘴里怕化了。不忍心让孩子受一丁点的苦,事事自己代劳,把孩子的现在和将来安排得妥妥的。孩子上了大学,已经是成年人了,还要陪读,换下来的衣物还要父母洗。曾经看到有新闻报道说,某大学的一个大学生把自己在学校换下来的脏衣服邮寄回去给妈妈洗。培养出这种孩子,父母应该感到悲哀。父母这种所谓的爱是培养不出有孝心的孩子的,你给得越多,他越不知足、越不珍惜。孩子若不孝,做父母的是应该深刻反思的:当孩子还小的时候你给孩子幼小的心灵中播下孝和感恩的种子了吗?你教他孝行了吗?你有激发他的孝心,呵护它,使孩子的孝心茁壮成长了吗?你告诉孩子"为人子,孝当执"了吗?如果父母没有教,或者自己未曾为孩子树立孝的榜样,那么孩子不孝,你责怪他又有什么用呢?

"亲有过,谏使更,怡吾色,柔吾声"。对父母的孝体现在父母"呼""命""教""责"时的"勿缓""勿懒""敬听"和"顺承"等行为中。其中最重要的就是"敬",但即使行孝,也应辩证地看待,因为父母也会有过,会犯错。那么**儒家是如何面对"敬"父母和父母有"过"这对矛盾的?**我们举个有趣的例子来理解。

《论语·子路》说:**"叶公语孔子曰:'吾党有直躬者,其父攘羊,而子证之。'孔子曰:'吾党之直者异于是:父为子隐,子为父隐——直在其中矣。'"**①

这段对话是什么意思呢?说,有一天,叶公,也就是"叶公好龙"的故事中那位,和孔子在聊天。聊着聊着,他就得意地对孔子说:"我们这儿有那么一个正直的人,他父亲偷了别人的羊,他马上

① 胡乃波译注:《论语》,华龄出版社 2017 年版,第 149—150 页。

就去官府举报了他老爹。"孔子听完叶公的话,没有马上表态,而是说:"哦,这样子啊。我们那儿正直的人跟你们这儿正直的人不太一样:父亲为儿子隐瞒,儿子为父亲隐瞒。"说完,孔子又补充了一句意味深长的话——"直在其中矣"。意思是:我所理解的全部关于正直的人的正直行为都在这个父子相互隐瞒之中了。这个对话就这么完了。

这段对话非常有意思,提出了一个道德悖论问题:既要无条件地孝敬父母,又不能替父母"文过饰非",这个拿捏的艺术实在有趣的很。叶公所说的正直的人的做法按我们现在的说法就是"**大义灭亲**"。旁观者中,有些人可能会感觉很过瘾,有些人可能会觉得这样做太不近人情,孔子就是后者之一。但是孔子既没有表示赞成,也没有表示反对,因为他知道"攘羊"(偷羊)肯定是不对的,如果直接表示反对,就有赞成"攘羊"之嫌,一定会带来误解,何况这不是自己的本意。最终,孔子选择了"**文过饰非**",举了一个"不一样"的例子。你说他表态了似乎又没有表态,你说他没有表态,他又明明白白地表态了——直在其中矣。你自己去领悟!这听起来可能让很多人很纳闷,不像是孔子会说出来的话呀。爸爸犯了错,儿子替爸爸隐瞒;儿子犯了错,爸爸替儿子隐瞒?没道理啊!孔子你不是圣人吗?怎么能说出这种有违道义的话呢?但是仔细品味,孔子的这段回答是非常符合儒家仁德思想和对人性的理解的。它充满温情,非常真实而又蕴含"入世"思想。既充满人间烟火气息,又蕴含深刻的孝道思想。它至少给了我们一种感觉:在"大孝"和"小孝"之间如何抉择?何为大孝?何为小孝?孝行不是绝对的,孝行绝不是简单的冰冷的行为,而是充满温情的。"攘羊"还够不到触犯"大义",够不到"大义灭亲"。因此,做出为父"隐"的"小孝”是符合人之常情的。相反，如果因一只羊就“大义灭亲”，反而有辱宗族，实在不孝。儒家之孝是地上的、人人可及的，很生活的孝，不是天上的、够不着的孝。这就是儒家孝道思想中的辩证法，这就是儒家孝道思想中的真温情！非常值得品味和体悟！

第一，如果父亲犯了错，儿子都不亲切关怀一下，问问到底怎么回事，父亲有什么苦衷，不思前想后一番，就直接把父亲举报到官府去了，这首先有违儒家孝道思想。这样做，只会搞僵父子关系，让家庭失去和睦，有违孝悌，这么看重孝悌和家庭关系的儒者是绝不会这么做的，他们会怎么做呢？下文我们就会讲到，《弟子规》里说：**“亲有过，谏使更，怡吾色，柔吾声；谏不入，悦复谏，号泣随，挞无怨”**。我们看到，拼命地**劝谏父母改过从善**才是儒家面对“亲之过”的正确打开方式，而不是直接报官府。报官府是万不得已而为之的。这是孔子说的**“父为子隐，子为父隐”**的真正含义，蕴含深刻的儒家思想内涵，不能简单从字面理解。

第二，儒家“泛爱众，而亲仁”的思想精髓是：仁者爱人，推己及人。使人“亲仁”，所以惩罚不是儒家会选择的路径，只有法家才会选择惩罚——从这里我们也可以看出来，叶公和孔子治国思想之差异——儒家会选择帮助人怎样改过从善，法家会采用严刑峻法。这也符合儒法两家对人性完全不同的理解。儒家主张“性善论”，法家主张“性恶论”。儒家典籍《大学》讲推己及人，“止于至善”。何为“至善”？《大学》解释：“为人君止于仁，为人臣止于敬，为人子止于孝，为人父止于慈，与国人交止于信。”可见为人子的“至善”在孝。如此便能理解孔子**“父为子隐，子为父隐”**的意蕴了。

第三，儒家对人性的理解。《三字经》开篇言：“人之初，性本善，性相近，习相远”。就是说，人的本性是善良的，之所以人与人会相去甚远,这都是后天行为习惯的养成不同导致的。既然人性本来是善良的,那么一个人恶劣的行为、习惯是可以被纠正的——这也是儒家教育思想的根基:人性本善,故可教!所以一个人犯了错误,不是本性坏了,而是习性问题,应该帮助他改过。正所谓"浪子回头金不换"。所以孔子说的"**父为子隐,子为父隐**",不是父子联合,臭味相投,文过饰非,而是"**隐而后谏之,使之改过从善**。"《论语·述而》里说"**择其善者而从之,其不善者而改之**"[①]。也可见儒家对人的教育是**轻惩罚而重改过**,重视一个人内心的向善,而不是外部的打压;重视"三省吾身"的自省,而不是外部的惩罚。这一点是非常值得我们在对子女进行家庭教育的时候借鉴的。许多父母的家教手段就是简单粗暴地惩罚、打骂孩子,甚至不分场合,不问是非对错,全凭自己情绪而动。怒则棍棒相加,喜则溺爱无度,秉持"棍棒底下出孝子"或"我家儿孙第一棒"的教育理念,却没有想过,你自己也会犯错,你尊重过孩子吗?你保护过孩子的自尊心吗?你们之间有小秘密吗?有帮他"隐瞒过"什么,而让他自己改过从善吗?他是惧怕你而不敢为,还是真的心服口服呢?如果是惧怕,总有一天他会不怕你,那个时候是不是就可以为所欲为了呢?而对孩子溺爱,有时候则比让孩子恐惧更可怕。溺爱是施加在孩子身上的无形的枷锁和棍棒!让孩子趋向内心善良、勇敢、自尊、自重、自省、改过从善才是真正的教育。

"**谏不入,悦复谏,号泣随,挞无怨**"。父母有错,又不听劝,做子女的肯定很着急,应该一而再,再而三地劝谏,哪怕父母号泣、打骂,也无怨无悔。"**悦复谏**"中的"复"应该解释为一而再,再而三。

① 胡乃波译注:《论语》,华龄出版社 2017 年版,第 77 页。

即多次劝谏的意思。这四句是承接着上文的四句而深入的。它们应该联系起来理解：首先，“亲有过，谏使更”，但是劝谏，父母不听怎么办？作为子女看到父母犯错肯定不能置之不理，任其错下去啊，所以孝子的本分就是“谏不入，悦复谏”。如果父母不听，那就等到父母心情好的时候，再次劝谏，一次不行两次，两次不行三次，哪怕父母不耐烦了，号泣暴跳起来动粗了，也不后悔。这几句话，如果和前文“**父母教，须敬听，父母责，须顺承**”“**亲所好，力为具，亲所恶，谨为去**”八句结合起来理解，我们就会看到子女行孝的辩证法。

《弟子规》是充满智慧的儿童行为规范。“**亲有过，谏使更，怡吾色，柔吾声；谏不入，悦复谏，号泣随，挞无怨**”这八句包含了与人沟通的智慧。虽然讲的是孩子劝谏父母的行为准则，但是迁移到劝谏他人，乃至教育孩子上，也是一样的。

第一，要有坚定的决心。劝谏父母绝不后悔、绝不退缩，哪怕父母打我骂我。我们与人沟通没有决心，怎么能成功呢？教育孩子也需要决心。“**十年树木，百年树人**”，教育绝对不是一朝一夕的热情，而是长久的坚持。

第二，要有诚心。诚心诚意帮助父母悔改，一而再再而三地劝谏，要像刘备“**三顾茅庐**”请诸葛亮出山一样虔敬，而不是随便劝劝，劝不了就算了。对教育而言，你要诚心相信你的孩子，给他时间去成长、去改变。你要相信你的孩子终究会长成一棵大树，即使长不成大树，也能开出美丽的花。

第三，要讲究技巧。要“连哄带骗”地让父母心情愉悦，要“**怡吾色，柔吾声**”，即和颜悦色，笑脸相迎，语气轻柔，态度诚恳地劝谏父母。父母也是人，都喜欢听软话、听好话，何况还是自己的孩子劝谏自己。千万不能态度粗暴，如果这样，首先就“不敬”。**不敬则劝谏不成**。**同样，“怡吾色，柔吾声”**的技巧用来教育孩子，也是绝佳的利器。

第四，要讲究时机。父母不听劝怎么办？死缠烂打是一种决心和态度，但是也是鲁莽而缺乏智慧的行为。俗话说**“过犹不及”，做得太多，效果会适得其反**。不论白天黑夜，不分场合地“说道”，你把人烦死了，对方不但听不进去，还会对你心生厌恶。如此，劝谏肯定没效果。劝谏别人要适可而止，看准机会再劝说。所以《弟子规》提出**“悦复谏”**。好一个“悦”字。**在别人心情好的时候劝谏别人，成功率是最高的**。引申到家庭教育中，你在跟自己的孩子沟通，教育自己的孩子时，难道不也是如此吗？所以沟通是否有效，时机很重要。对孩子的教育是否有效，时机很重要。孩子行为不端要及时指出、及时纠正，过去小半年你再说就没用了；孩子犯了错正在难过自责，你还要图口舌之快责骂他而不是安慰他，那就会把孩子推向对立面。

（五）侍病

“侍病”讲的是父母卧病在床，需要人服侍，为人子女应该怎么做。这部分只有短短 4 句，12 个字。但却把一个病榻前的孝子该有的行为举止描绘得淋漓尽致。

原文：亲有疾，药先尝，昼夜侍，不离床。

译文：父母生病了，要为父母熬好汤药，喂父母汤药时，自己先试探温热甜苦，要昼夜在病榻前服侍，不要离开父母。

我们知道，《弟子规》是对孝子贤孙的行为规范，因此是几乎没有关于语言的规范，只有**“柔吾声”**等少数几处有规定。而孝心本身体现在“孝行”中。因此行为表现才是最重要的。

“侍病”描绘的就是一个孝子怀着对父母的虔敬之心行孝的画面。**“药先尝”“昼夜侍”“不离床”**三种行为，由易到难对孝子的行为进行规定。“药先尝”是每个人都能做到的，但“昼夜侍”，白天黑夜不辞辛苦地服侍生病的父母就不是那么容易做到了，而要做到“不离”则更难。昼夜侍寝，精疲力竭，难免心生厌恶、脸色难看、言语不恭，巴不得赶紧服侍完就离去，俨然要上演一幅“久病床前无孝子”的悲凉画面了。

《弟子规》用只言片语就把**真孝子**和**假孝子**区分开来了，而那些只会说漂亮话的，根本就不是孝子。看看我们身边，有多少是只会说漂亮话的假孝子，有多少是连漂亮话都不会说，视父母如寇仇的逆子？为人父母者，如何培养孩子的孝心、孝行？绝不是教他说漂亮话、讨人欢心，而是要从行为上培养孩子的孝行，通过行为进而触及内心。这就是我们常常说的“做中学”。让孩子服侍一次生病的妈妈，他就体会到了什么是孝。所以说，**给孩子讲一百次孝是什么？讲一百个有关孝的故事，都不如让孩子实践一次，真正体会一次孝子行为来得真切**。

(六) 服丧

“服丧”讲的是丧葬礼仪。这部分共 8 句，24 个字。

原文：丧三年，常悲咽，居处变，酒肉绝；丧尽礼，祭尽诚，事死者，如事生。

译文：父母去世后，守孝三年，要经常追思，感怀父母养育恩，饮食起居应该调整，要戒酒戒肉。办理父母的丧事要合乎礼，祭奠父母要诚心诚意，对待去世的父母，要像对待生前的父母一样恭敬。

“丧三年，常悲咽，居处变，酒肉绝。”古人极其看重身后事，即人死后是否能有子孙缅怀。父母过世，儿子需要守孝三年，这三年内深居简出、戒酒戒肉，夫妇不同房。做官的要告“丁忧”回乡守孝。可见至亲逝世是何等大事。

那么人们不禁要问：为什么要守孝三年呢？为什么不是两年、一年或者半年呢？实际上这是古人为感怀父母的养育之恩。

大家试想：我们每个人生下来的时候什么都不会，不会说话、不会走路，只有靠母亲的奶水，靠父母的温暖和养育活下来。在你1岁之前，母亲永远不可能睡一个安稳觉，不是被你吵醒就是半夜起来喂奶，第二天她还得忙自己的工作，我们到1岁半才开始踉踉跄跄地走路，到2岁才开始会说话，到3岁才能够自由稳定地活动。这三年中，父母，特别是母亲为孩子付出了多少心血。可是这并没有结束，在你此后的十多年，在你成年之前父母依然为你无私付出，管你吃喝拉撒睡，养育你、教育你，希望你茁壮成长。你有点头疼脑热，父母就急得如热锅上的蚂蚁。你受了伤，却痛在父母心。你犯了错，父母揪心。你做了出格的事，父母替你蒙羞。你终于长大成人，成家立业，结婚生子，父母依然不能休息，除了自己的工作，还要替你养孙子孙女，你一不高兴还要埋怨父母。有一天当你自己真正体会到做父母的艰辛时，父母已经老去。当你诚心想要回报父母的时候，父母或许已经不在人世，你再也不会看到他们的音容笑貌，你的孝心孝行他们再也感受不到，这就是**“子欲养而亲不待”**啊！对父母行孝道应及早。所以，古人认为，父母对我们的养育之恩比天大，难道我们为父母守孝三年是不应该的吗？

为什么要守孝三年？我认为这是为了感恩父母养育之艰辛，

缅怀父母生前事,也是为了求自己内心的安宁。试想,父母操劳一生,为你付出了那么多心血,如今他们去世了,你睡得着,吃得香,玩得开心吗?父母尸骨未寒你就想蹦迪了吗?孔子说真正有孝道的君子是不会这么做的。

实际上,《**论语·阳货**》里有一段孔子和他的学生宰予的对话,内容就是关于为何要守孝三年的问题。其中孔子对为何要守孝三年说得非常透彻,而且孔子认为守孝关键并不在于时间的长短,并不是要纠结三年还是一年,而是君子是否能心安,如果心不安,那么守孝三年、五年都不为过。这段对话是这样的:

宰我问:三年之丧,期已久矣!君子三年不为礼,礼必坏,三年不为乐,乐必崩,旧谷既没,新谷既升,钻燧改火,期可已矣。子曰:食夫稻,衣夫锦,于女安乎?曰:安。女安则为之。夫君子之居丧,食旨不甘,闻乐不乐,居处不安,故不为也。今女安,则为之!宰我出,子曰:予之不仁也!子生三年,然后免于父母之怀,夫三年之丧,天下之通丧也。予也,有三年之爱于其父母乎?①

这段对话是什么意思呢?大意是说:宰我,也就是孔子的学生,那个被孔子骂"朽木不可雕也"的学生,问孔子:"父母死了,子女要服丧三年。从上古到现在,这个制度已经很古老了吧。君子三年什么都不做,不为礼,礼一定会坏,三年不为乐,乐一定会坏(古代用"礼乐"代指社会伦常,所以社会伦常坏了,有"礼崩乐坏"之说)。就像稻谷一样,旧的割掉了,新的又长出来了,以前钻燧取火的方式现在也改成直接点火的方式了。时令改变,岁月更换了,我看守孝三年的规矩也该改一改了吧。"孔子就问他:"父母去世

---

① 胡乃波译注:《论语》,华龄出版社 2017 年版,第 199 页。

了，你还锦衣玉食地，能心安吗？”宰予说：“安啊！”孔子说：“你要是心里能安宁，你就去做吧。一个君子，父母死了居丧，内心思念悲戚，吃饭都没有味道，听音乐也不快乐，睡觉都睡不好，所以三年都没有礼乐。现在你说你可以心安，那你就照着你自己的想法去做吧。”宰我出去了，孔子很气愤又很无语地说：“宰予这个人太不仁，一点良心都没有。小孩子三岁才能离开父母的怀抱，所以有三年之丧，就是对父母怀抱了我们三年，把我们抚养长大的一点点回报，这是天下通行的制度，大家都是这么做的！宰予，你有没有三年怀念你父母的心啊！？”

如今，丧葬制度不断改革，我们早已没有了“守孝三年”的“天下之通丧”。但是请记住，正如孔子所说，**我们是为了感念父母的恩情才守孝的，不是为了守孝而守孝，也不是为了孝之名而守孝的。君子守孝应发自内心的虔敬，是和父母进行心灵的沟通与对话，是在感念父母的过程中，寻求内心的宁静。正如孟子所说“求其放心而已矣”，如果你没有虔敬之心，那么枯守十年丧，也是无意义的。**

父母去世，君子食不甘味、夜不能寐，日夜思念父母，内心不得安宁，所以守孝三年。宰予说守孝三年是旧制，应该改改了，孔子却并没有否定他，而只是问：“你能心安吗？你能心安你就照着自己的想法去做吧。”可见，孔子对于守孝三年并不是那么迂腐，也并不是那么看重时间长短的，而是看重君子是否对父母虔敬、感念、心安。这和前文讲的对父母，心要敬，意要诚是一样的道理。现代社会，子女对父母的感恩之心，越来越淡漠，有些人，父母刚刚下葬，就开始吃喝玩乐，更有甚者，在父母的灵柩前谈笑风生，毫无悲戚、感念父母之心，此非人也！

“丧尽礼，祭尽诚，事死者，如事生。”其实这一句里面已经回答了前一句的“丧三年”的问题了，那就是要尽礼、尽诚。何为尽礼、尽诚，就是“事死者，如事生”。对待去世的父母要像对待生前一样恭敬，而不是人死了就一了百了。这才是儒家所讲的**子女尽孝道的精髓：心敬意诚**。丧葬要合乎礼数，祭奠过世的父母要诚心诚意，就好像父母还活着，就在我们眼前一样。这种“虔敬之心”就如孔子在《论语·八佾》第十二章里说的：**“祭如在，祭神如神在。”**[①]意思是说祭祀祖先就如同祖先真的在那里，祭祀神就如同神真的在那里。接着，他又说：**“吾不与祭，如不祭。”**[②]意思是说：我如果不亲自参加祭祀（而由别人代祭），那就如同不祭祀一样。孔子在两千多年前所指出的祭祀、尽孝关键在心诚的道理，至今仍然闪耀着煜煜光芒，可是当今，多少人却不懂得这个道理。祭奠祖先、祭祀父母毫无诚心，将祭祀仪式搞成闹哄哄的娱乐，把坟场变成吃喝玩乐的迪厅。网络上时有报道，什么坟场作秀、坟场蹦迪、坟场大跳脱衣舞……美其名曰让老祖宗也看个新鲜，实则恶心至极，祭祀者毫无诚心，为自己作乐、作秀，吵扰已逝亲人的安宁。

关于**“丧尽礼，祭尽诚”**，还有一个典故。**《论语·八佾》**记载：**“子贡欲去告朔之饩羊。子曰：‘赐也！尔爱其羊，我爱其礼。’”**[③]意思是说，子贡想要把告朔之礼上用于献祭的羊都省去了，但是孔子说：“赐啊（赐是子贡的字），你爱惜的只是一只羊，而我看重的却是告祭的礼数。”也就是说，孔子看重的是祭祀的礼数，而不是祭祀的那只羊，那只羊也许可以不要，也许可以换成其他的什么，但是

---

①②③ 胡乃波译注：《论语》，华龄出版社2017年版，第28、30页。

礼数是不能坏的。仪式是需要有的。实际上,**“告朔饩羊”**这个典故是有一个背景的,孔子对子贡说的话,其实是在隐射当时鲁国的礼崩乐坏,为国君不祭而感到无奈。**告朔饩羊**是古代的一种制度,一种祭祖之礼。朔,就是农历每个月的初一。天子在每年秋冬之际,把第二年的历书颁发给诸侯,告知每个月的初一日。诸侯将历书藏于祖庙之中,每月初一用一只活羊进行祭祀,这种仪式叫作“告朔”。鲁国自文公起就不亲自到祖庙告祭了,只是杀一只羊来应付一下。所以后来子贡就说:“要不,干脆把这只羊也省下来吧,反正咱们的国君都不亲自来祭祀了。”孔子说:“重点不在于羊不羊的,我在乎的是这个礼啊!如果连这只羊都没有了,那礼也就没有了。空空地祭祀还成何体统啊!”

为什么孔子这么看重礼数呢?这就是我们现在说的,做什么事情都需要有仪式感,这才显得庄重、虔敬。就跟结婚典礼似的,为什么一定要一个仪式?就是这种仪式感在维系着一种婚姻文化,就是这种仪式感把两个人、两个家庭甚至两个家族紧密地联系在一起。无论是外国的教堂婚姻仪式,还是我国的拜堂成亲仪式都是如此。君子对待父母的生前身后事同样应该如此:意正心诚,必要仪式不可省!**“心诚”才是我们在孝道教育中应该教给孩子的最宝贵的财富**。

三、出则悌

“出则悌”可以说是**“入则孝”**的引申。**“入则孝”**主要讲的是对父母的孝。而**“出则悌”**可以认为是对兄弟、长辈的“孝”。两者有颇多相似之处。这是儒家由父母而兄弟,由兄弟而长辈,推己及人的思想，比如“**出则悌**”最后一句“**事诸父，如事父，事诸兄，如事兄**”就是由自己的父兄推及其他人的父兄或长辈。意思是对待其他人的父亲或长辈要像对待自己父亲那样孝敬，对待其他人的兄长，要像对待自己的兄长一样恭敬。所以在学习“出则悌”这部分内容的时候，可以和“入则孝”的学习相联系起来。

“**出则悌**”一共有44句，132个字。其中详细具体地规定了兄弟长幼之道，规定了面对兄长、父辈，后辈应有的行为规范。我把它们归纳概括了一下，包括这三个方面：**兄友弟恭**、**轻财宽忍**、**长幼有序**。

（一）兄友弟恭

原文：兄道友，弟道恭，兄弟睦，孝在中。

译文：兄长要友爱弟弟妹妹，弟弟妹妹要恭敬兄长；兄弟姊妹能和睦相处，父母自然欢喜，孝道就在其中了。

兄弟关系是这个天底下最奇妙的关系。提到“兄弟”两个字，我们立刻就会想到“兄弟如手足”这句话。兄弟同为父母血脉，同气连枝，从小一块长大，其情谊非同一般。提到兄弟或姐妹每个人的脑海里都会涌现诸多小时候一同成长的美好画面——独生子女也不例外，他们也有自己的堂兄弟、表姐妹等。颜之推在《颜氏家训》中提到：“**兄弟者，分形连气之人也，方其幼，父母左提右挈，前襟后裾，食则同案，衣则传服，学则连业，游则共方，虽有悖乱之人，不能不相爱也**。”①意思是说：兄弟，虽然各自样子不一样，但是都

① ［南北朝］颜之推著，檀作文译注：《颜氏家训》，中华书局2022年版，第19页。

是同一个母亲所生的，他们血脉相连，血浓于水。在很小的时候，你是否还记得，父母左手拉一个，右手牵一个。这个扯着母亲的衣袖，那个抓住母亲的裙摆。吃饭的时候，都是在同一张桌子，都夹同一个盘子的菜。哥哥穿过的衣服，会传给弟弟穿，哥哥用过的课本，会传给弟弟用，就连平常嬉戏玩乐的地方，都是同一处。这种极深的同根手足情义，即使相互之间发生吵闹矛盾，最终还是会爱着对方，关系并不会衰减。

颜之推把兄弟关系描述得非常有画面感，我和兄弟小时候就是这个样子的，**“食则同案，衣则传服，学则连业”**。现在物质丰盈的年代，兄弟之间很难再有这样的关系了，何况独生子女居多。2016 年，我国二孩政策放开（全面二孩政策于 2016 年 1 月 1 日起正式实施）。[①]2019 年，第一批二孩政策实施后出生的孩子陆续上幼儿园了，2023 年，第一批二孩政策实施后出生的孩子陆续上小学，正处在家庭教育的关键时期。第一批二孩政策实施后出生的孩子一定会成为特殊的一代。第一批二孩政策实施后出生的孩子的父母有很大一部分是“70 后”，他们的第一个孩子和第二个孩子年龄相差少则七八岁，多则十来岁，食不同案，衣不传服，学不连业，游不共方。因为年龄的差距，有的甚至体现出一种兄如父、姊如母的关系——哥哥或姐姐承担起了很多父母养育子女应承担的责任。这种兄弟姐妹关系是非常奇妙的，与传统的兄弟姐妹关系不一样。这种兄弟姐妹关系是现代社会的产物，非常值得也非常需要从家庭教育、家庭伦理的角度加以研究，以顺应时代发展的需

---

① 全国人大常委会于 2015 年 12 月 27 日表决通过了人口与计划生育法修正案，全面二孩政策定于 2016 年 1 月 1 日起正式实施。因此，从 2016 年 1 月 1 日开始，夫妻可以申请生育第二个孩子。

要。但无论当今时代,家庭结构怎样变化,基本的家庭伦理,基本的父慈子孝,兄友弟恭家庭伦常是不会变的。

“兄道友,弟道恭”这两句可以说是“出则悌”的文眼,把兄和弟、长和幼、父辈和子辈关系中的行为规范概括为“友”和“恭”。我们会发现,《弟子规》作为儒家经典,秉承了儒家长幼思想。但凡后辈对长辈都强调一个“敬”字或“恭”字。如子女对父母要“敬”,弟弟妹妹对兄长要“恭”,后辈对父辈、长辈要“恭敬”。而长者对幼者、长辈对后辈则要“友”(友爱),如父母对孩子,哥哥对弟弟妹妹,长辈对后辈等。这一方面说明古代对不同的礼仪、礼数,各人本分是区分得非常清楚的。另一方面也符合人之常情,如果弟弟对兄长友爱,兄长倒是对弟弟恭恭敬敬的,长辈对后辈恭恭敬敬的,后辈对长辈则抚背摸头以示友爱,这样就乱了套了。这种颠倒看着可笑,但在我们的现实生活中却屡见不鲜:长辈给小辈让座,长者未坐,幼者抢坐,年轻人目无尊长,年轻人对长辈勾肩搭背……这些都是小时候,父母、长辈没有对孩子做好“出则悌”教育的结果。虽然现代社会更讲究人人平等,但基本的伦常礼仪若失范,必然会带来社会发展的失序情况。以德治国是社会治理的根本,此“德”必建立于中华民族优秀传统德文化根基之上,德文化根基主要即儒家所倡导的纲常伦理。儒家德纲常伦理之根基在孝悌。现代社会依然需要继承和发扬中华优秀传统文化。

“兄弟睦,孝在中”。兄弟和睦,父母欢喜,子女的孝心和孝行也就在其中了。这句话很好理解。在“入则孝”中我们讲过,子女对父母的孝,最重要的是让父母心安。对父母而言,最大的心安当然是儿女健康,兄弟和睦了。从这个意义上讲,所谓孝行和孝心是非常明确的,只要能让父母心安,都是行孝道,并不像有些人所认为的，孝道就是给父母最好的吃穿，给他们钱花。你给父母再多的钱，却让他们孤老家中，无人陪伴，这是不孝；你给父母最好的吃穿，但是却整天让父母为你担惊受怕，这是不孝；你家产殷实，事业有成，呼风唤雨，却兄弟不睦，不行“兄友弟恭”之道，这也是不孝。实际上，儒家的孝道文化从来在“心”，在“行”，在“敬”，在“恭”，在“友”，而与物质是否丰盈无关。

《弟子规》专门把兄弟和睦提出来讲，并且和“孝”联系起来，一来表明家庭中的兄弟关系是家庭是否和睦的关键。二来表明兄弟不和是家庭中容易发生的事情——如果兄弟和睦是很容易做到的，那就没有必要提出来专门说了。兄弟不和必使父母心伤，此为不孝；兄弟不和，必然导致家庭落败，此为不孝。三是把兄弟和、家庭睦与孝道挂钩，表明行孝与维系家庭关系和谐是一致的。家庭关系和睦，是子女孝道做得好的反映，孝道做得不好，家庭关系也不会和睦。此外，古代多子女的家庭当中，子女如何履行孝道是大学问，需要团结一致，共行孝道。子女因为如何履行对父母的孝道而争论不休，导致家庭分裂，父母亲人心伤的事，在当今社会也并不鲜见。可见“兄弟睦，孝在中”的深刻社会意义。这几点我们都能在现实生活中找到例子。兄弟不和通常都是因为家产、利益的分配所致。这在下文“**轻财宽忍**”中会讲到。

（二）轻财宽忍

原文：财物轻，怨何生，言语忍，忿自泯。

译文：轻财重义，怨恨就无从生起。言语上包容隐忍，不贪图口舌之快，愤怒自然就会消失了。

前文讲到“**兄友弟恭**”，兄弟和睦和孝道的关系。我们知道兄弟和睦是家和的关键。正所谓“**家和万事兴**”。我们也看到这样一种现象:兄弟在小的时候都能够相敬相爱的,可是等到长大了,特别是成家立业后,却常常发生兄弟争吵、反目的事情,导致家庭衰败,父母心伤。这是为什么呢?多半是“财物”争执为导火索,“言语”不能忍为助推器。说白了就是“利益”驱使,“言语”相伤。

“**财物轻,怨何生**”。财物,就是财和物,财为钱财,物为家产。兄弟不和,通常就是钱财和家产分配的问题起争执。一个有趣的现象是,兄弟一旦成家立业,各有家室以后,就不免分家、争财产,这是为什么呢?有一种说法是说,结婚后,兄弟就各妻其妻,各子其子,兄弟感情自然就淡漠了,再加上娣姒在中间的作用,最终导致兄弟关系破裂。颜之推《颜氏家训》里提到:“**及其(兄弟)壮也,各妻其妻,各子其子,虽有笃厚之人,不能不少衰也。娣姒之比兄弟,则疏薄矣**。”①意思是说,兄弟长大,成家立业后,各自为各自的妻儿忙碌,即使生性笃厚的人,感情也自然会淡漠不少,兄嫂和弟妹的关系,与兄弟关系比较起来又疏远得多了(她们往往因为不能体会兄弟之间的笃厚感情,可能成为兄弟不和的推动力)。当然,兄嫂弟妹绝不会是儿女不孝的根由,儿女不孝归根结底还是做子女的缺乏孝道,或为外在的钱财家产而疯狂,或完全将父母的养育之恩和含辛茹苦抛到九霄云外去。世间为争夺家产而兄弟姐妹反目,不赡养老人甚至虐待老人者屡见不鲜。

《弟子规》明确地认为兄弟不和之根源在于利益争执,故而提出“轻财物”的信条,以维持兄友弟恭。

---

① [南北朝]颜之推著,檀作文译注:《颜氏家训》,中华书局 2022 年版,第 19 页。

“言语忍，忿自泯。”多少兄弟的争执和反目，家庭关系的破裂都是因为言语不能容忍，不能控制自我，贪图口舌之快导致的。俗话说**“说出去的话，泼出去的水”**，恶毒的话撒在至亲的身上，会像一颗颗的钉子扎入对方的肉里，即使事后反悔、道歉，把钉子拔出来了，可是流血的伤口却难以愈合了。**祸从口出、言多必失**，特别是人在愤怒，失去理智的时候说的话多半都是伤人的话，等到怒散了气消了，后悔了，却来不及了。所以，**人一定要学会容忍，切莫贪口舌之快**。**“冲动是魔鬼”**，人在愤怒的情绪状态之下最好不要说话。永远要记得说出去的话是收不回来的，而且说得再多也就是图了一时痛快，并无任何好处。

那么愤怒状态下如何控制自己的情绪呢？许多人总结了许多方法，如暗示自己“莫生气莫生气，我若气死谁如意”；对自己说“忍一忍忍一忍，忍不住一定后悔”；数羊（数数字），直到自己情绪稍缓；赶快离开现场，或先做点别的什么事情来转移自己的注意力等，这些方法有时能让我们的情绪缓和下来，免于说出恶毒的话和做出后悔的事情。但我认为最好的方法应该是提高自身的修养，锤炼自己的品德，提升自己的思想境界，开阔自己的胸襟，否则一切所谓的方法终将败给一句“忍无可忍”。别小看**“言语忍，忿自泯”**六个字，没有足够的修养，没有宽广的胸襟，没有正确的认知，不容易做到。祸从口出，就在于不能忍。忍，绝不是简单的忍受，实际讲的是修养，能用自己的修养将情绪化解。

我们要教育孩子从小就要有宽容大度之心、善良之心，让孩子学会控制自己的情绪，使用非伤害性的渠道进行情绪宣泄——不良情绪肯定是要宣泄的，例如深呼吸，转身离开让自己情绪爆发的情境，暗示自己不能生气不能乱说话，否则要后悔等，总之让自己冷静下来。任何时候尽量不要说伤人的话、难听的话，尤其当人在冲动情绪状态中时，是最没有理智，也是最容易言语伤人的时候，等到冷静下来的时候一定会后悔的。**如果你照照镜子就会看到，你自己生气的时候面目是多么狰狞可憎，你大概会自己都认不出自己来了**。**除了容忍、保持冷静你还要学会说话，这很重要**。良好的沟通和表达对良好人际关系几乎具有决定性的意义。在教育孩子时，要让孩子明白什么场合说什么，不该说什么，让孩子学会换位思考，站在对方的立场上替对方着想，即学会共情和同理心，这可以让人与人之间达成相互理解。做父母的要学会和孩子好好说话，平等交流，有效沟通，避免冲动粗暴的言语输出。要知道言语暴力伤害是无形而深刻的。

另外，我们应该多反躬自省，提升自身的道德修养，努力做到宁静致远、心如止水、不为所动，这样就不会因为小事情轻易动怒了。**《孟子·离娄上》说："行有不得者反求诸己"**[①]，意思是说，如果我们事情做得不成功、做得不好，遇到挫折，不被人理解，人际关系处不好，兄弟多争吵等，我们先不要责怪他人，而是先扪心自问是不是自己哪里做得不好才会这样。**《孟子·离娄上》**还说**"爱人不亲，反其仁；治人不治，反其智；礼人不答，反其敬。"**[②]意思是说，你爱别人却得不到别人的亲近，你应该反观自己是不是仁爱不够；管理人却管理不好，你应该反观自己是不是才智不够；礼貌待人却得不到别人的回应，你应该反观自己是不是不够诚敬。我想，一个人遇事能够多从自己的身上找原因，那应该就能做到**"言语忍，忿自泯"**了吧。否则肯定只会一味地指责他人的不是，恶言相向，而

---

①② 方勇译注：《孟子》，中华书局2022年版，第132页。

后无法收场！处理兄弟关系是如此，处理其他人际关系又何尝不是如此呢。

（三）长幼有序

“长幼有序”这部分的内容主要讲幼者对长者表示尊敬时的行为规范，共36句，108个字。概括一下，包括以下两大方面的行为规范：**敬尊长**、**事父兄**。**“敬尊长”**又可以分为6个方面：**先后**、**呼应**、**称呼**、**路遇**、**坐谈**、**进退**。分别规定了坐、立、行、走的秩序；应答长辈的规范；称呼尊长的礼仪；路遇师长的礼节；落座交谈的礼数；进退起对的要求。下面一一解读。

1. 敬尊长

（1）先后

原文：或饮食，或坐走，长者先，幼者后。

译文：饮食用餐，坐立行走；年长者优先，年幼者在后。

《弟子规》中的内容看起来都是很琐碎的生活礼节的规定，无非是吃穿住用行，对父母、尊长、兄弟等的礼仪规定。但这正是《弟子规》的智慧所在。教育就是在点滴行为中得到彰显的。对儿童的教育就是要从行为习惯、道德品质的养成开始。启蒙教育的起点就在基本的行为、应对礼仪上。对儿童的教育不需要太多的说教，更不需要知识技能的灌输。何况知识、技能的学习与行为习惯、道德品质养成是两码事。两者虽然并非毫无关系，但绝无必然联系！千万不要把行为习惯的好坏和文化水平的高低相对应；也不要把道德品质高低和学历高低相对应。

《弟子规》的核心思想是：**先从行为规范开始，在行为的养成中**

进行教育。因为一种行为的养成，意味着一种习惯的养成，一种习惯的养成意味着一种性格的养成，一种性格的养成意味着一种命运的来临。俗话说**“习惯成自然”**，当良好的行为习惯和高尚的道德品质成为你的一种习惯，内化为你的性格，它就会成为你命运的一部分，让你终身受益！

这让我想到了《金刚般若波罗蜜经》(《金刚经》)第一品“法会因由分”中描述佛陀那段日常的话语：**“尔时，世尊食时，著衣持钵，入舍卫大城乞食。于其城中次第乞已，还至本处。饭食讫，收衣钵，洗足已，敷座而坐。”**这段看似毫无意义的话语，实则传递出了领悟大乘至上真谛的佛陀其实也是在普普通通的日常中修行的。这和**“黎明即起，洒扫庭除”**一样自然。领悟教育真谛，对孩童进行教育也是如此。儿童需要在日常生活的点点滴滴中成长。教育需要在日常生活的点点滴滴中渗透。要让德行融入儿童的生活，成为他自然流露而不是“被要求”的行为。教育不可能速成，不可能是疾风骤雨式的，疾风骤雨带来的只会是摧残。教育应该是和风细雨般的。

“或饮食，或坐走，长者先，幼者后”这四句的精髓其实是后两句，即**“长者先，幼者后”**。这两句以**“先后”**二字点出了长幼关系，体现了幼者对长者应有的尊敬。**“先后”**二字是**“出则悌”**36 句，108 个字的总纲、文眼。“出则悌”全部内容都在讲如何在生活的各个方面做到“长者先，幼者后”。“或饮食，或坐走”，以“饮食”和“坐走”，即吃饭、坐和出行这三种生活中最常见、最频繁的行为代指生活中的一切行为。因此“饮食”“坐走”是泛指，并不是说在生活中就只有吃饭、落座和行走的时候需要“长者先，幼者后”，其他方面就不需要讲究了。这是古人写文章常用的一种方法，如用

“三”来表示多的意思，“三思”“三人行”“一而再，再而三”中的“三”可以表示多次、多人。**“出则悌”**这部分，可谓麻雀虽小，五脏俱全，短短的108个字，有总纲，有文眼，有核心，有落实。让读者既能领悟体会其思想精髓，又有章法可寻，可以照章落实。

当然，我们也可以看到，因为《弟子规》是以“孝”为一切品行的起始，以“仁德”为归宿的。所以，更多地**规定了子孙后辈对父母、前辈、兄长应有的态度和行为规范**，而对父母、前辈、兄长在态度和行为上应如何对待子孙后辈规定得比较少。但这并不影响《弟子规》的完整性，因为它对每个人都是适用的。不论年龄大小，每个人都是别人的孩子、别人的父母、别人的尊长、别人的兄弟姐妹、别人的下属、别人的朋友……当每个人都按照这样的长幼礼数规范自己言行举止的时候，家庭就和谐，社会就有序了。**长者对幼者无非是施以“仁”“爱”“教”和“育”**。所以如果反过来再讲一遍长者对幼者的行为规范，反而是啰嗦了。更何况行为习惯、道德品质是相通的，并不因年龄和身份而有区别。

可能有人会问，现在不是都讲尊老爱幼吗？长辈不是应该爱护孩子吗？不是应该为幼者考虑，以显示长者对幼者的爱吗？而且长幼平等，为什么吃饭要长者先吃，落座要长者先做，行走要长者先走？路上相遇，幼者要主动作揖问好？这是不是太封建，等级秩序太明显了一点了？非也！**第一，行为习惯、道德品质长幼相通，不受年龄和身份阻隔**。在行为习惯和道德品质的养成上人人平等。**第二，长者即幼者**。每个长者都是他人的幼者，每个长者都曾经是幼者，每个幼者都会成为他人的长者。所以“长者先，幼者后”并无不平等、不公平的意思。相反，体现的是一种社会应有的秩序！**第三，行为背后更多的是一种态度和习惯**。如果狭隘地看

"先后",把"先后"当成一种僵死的行为,当然就会误读《弟子规》,把《弟子规》当成封建遗物,僵死的教条。事实上,**从来没有僵死的教条,只有僵死的人和僵死的思想!** 书是死的,人却是活的。我们在读《弟子规》,乃至其他文化典籍的时候一定要有自己的思考,活学活用,探究典籍中活的思想。如果我们从中读出了教条,那不是典籍的错,而是我们自己的"愚"。

(2) 呼应

原文:长呼人,即代叫,人不在,己即到。

译文:长辈呼唤别人,应该立即代为传唤和转告;如果那个人不在,或者找不到那个人,应该及时告知长辈。

联系"入则孝"中关于"应答"的内容,我们会发现,对待长者和对待父母(父母也是长者)的行为规范是有很多相通之处的。前文说"**父母呼,应勿缓,父母命,行勿懒;父母教,须敬听,父母责,须顺承**"和此处"**长呼人,即代叫,人不在,己即到**"几乎可以说是一个意思,只是换了一种说法。在学习的时候,一定要把他们结合起来。**第一,父母就是长者**。所以"**长呼人,即代叫,人不在,己即到**"对父母的呼,同样是适用的。**第二,长者等同于父母**。儒家讲"长兄为父"。"出则悌"最后一条讲的也是长者为父兄的意思,"**事诸父,如事父,事诸兄,如事兄**"。此外,我们还能从称谓中看出这种"**长者如父(母)**"思想,如伯父(爸爸的哥哥)和伯母(伯父的妻子)、叔父(爸爸的弟弟)和叔母(叔父的妻子)、舅父(妈妈的哥哥)和舅妈(舅父的妻子)、姨父(妈妈的姐夫或妹夫)和姨妈/阿姨(妈妈的姐妹)……所以长者**呼**、**命**、**教**、**责**,幼者同样应该**勿缓**、**勿懒**、**敬听**、**顺承**。当然,**《弟子规》对长者的规定有一个隐含的前提,即长者都是德高望重的前辈,有德的兄长,否则"弟子规"就失去意义了**。这一点大家一定要明白，也省得我们在读《弟子规》的时候陷入迷茫、钻牛角尖而出不来了。

（3）称呼

原文：称尊长，勿呼名，对尊长，勿见能。

译文：称呼尊者长辈，不应该直呼其姓名；在尊者长辈面前，应该谦虚有礼，不应该在长辈面前故意炫耀自己的才能，故意显示自己比尊者长辈强。

“称尊长，勿呼名”。讲到“称呼”，我们都有这种感受，我们中国关于称呼实在是多如牛毛，我们根本记不过来，一般人也很难弄明白——有人专门研究中国的称谓，可谓博大精深，是承载中华文化的宝库。因为称谓体系庞杂，我们也经常遇到不知道如何称呼长辈的情况。我们中国是一个典型的、成熟的人情社会。称谓反映的其实是复杂的人际关系。我觉得，如果有人把我们国家的称谓研究透彻了，那么对我们中国的人情社会也就掌握得差不多了。国外跟我们比较起来，在称谓上就显得“小巫见大巫”了。我们举两个简单的例子来说明。例如，我们中国人，有爷爷、奶奶、外公、外婆、伯父、伯母、叔父、叔母、舅父、舅母（妈）、姨父、姨妈/阿姨等称谓，把亲戚关系区分得清清楚楚的。外国人如果来到我们中国，会被我们的称谓逼疯。在英语中，爷爷、外公统一叫“grandfather”，奶奶、外婆统一叫“grandmother”，伯父、叔父、舅父、姨父等等全都叫“uncle”，你根本分不清楚具体关系。所以外国人写小说，说明亲戚关系，一个称呼是不行的，必须要解释一堆才能说清楚亲疏。而我们一个称呼就把复杂的关系都说明白了。更有趣的是“cousin”这个单词，把堂哥、堂弟、堂姐、堂妹、表哥、表弟、表姐、表妹全都包含进去，直接不分男女了！我们中国人把称谓搞得这么复杂，也说明我们对于人情世故、亲戚关系、远近亲疏的重视，实际是对人际关系的重视，也是对他人的尊重。我们生在中华大地，应当重视我们的文化特征，在我们的文化根基上行事，我们需要学习和理解长幼之别，以及相应的行为准则。

正因为我们中国人讲究人情，讲究人际关系，讲究亲疏远近，所以称呼是否符合礼数，就成为一个人是否有道德涵养的表现。有的时候人们也故意用称呼来拉近人际关系，如面对陌生人，比我们年长的男性，我们叫叔、伯（云南人叫“大爹”），比我们年长的女性，我们称呼阿姨（云南人叫“孃孃”“大妈”），与我们年龄相仿的，我们以兄弟姐妹相称，这无形中就拉近了彼此的距离。所以**怎么称呼他人，既能反映一种人际关系，也能表示一种对他者的尊敬，还能体现出一种自身的涵养**。

《弟子规》专门把如何礼貌地称呼长者提出来说，是很有意思的。但是称呼实在太多，《弟子规》只能用一句话来概括，那就是**“称尊长，勿呼名”**。意思是称呼长辈，千万不要直呼姓名。直呼姓名是极其不礼貌的行为。即使你不知道如何称呼对方，用词不太准确，都比直呼他人姓名要好。**面对长者，只要不直呼姓名，不把长幼颠倒，礼节基本错不了**。生活中有人总结称呼他人的一些小技巧，如遇到跟自己年龄相差不大，但是不知道到底谁大时怎么办？如果是女性，叫小一点，叫妹；如果是男性，叫大一点，叫哥。现代女性，特别比较年轻的女性，不喜欢别人把她叫太老，而男性则比较喜欢被别人叫年长一点，显得有担当！

“对尊长，勿见能”。在尊长、前辈面前要保持低调谦逊，不要炫耀自己的才能，显摆自己很能干，老子天下第一。不论是在长者还是幼者面前，炫耀和显摆只会惹人厌恶。因为骄傲、狂妄、炫耀，无论哪个年龄层的人都不喜欢,何况“树大招风”。俗话说:“山外有山,人外有人”,总有人比你厉害。我们说长辈“吃过的盐都比你吃过的饭多”,“走过的桥都比你走过的路多”,长辈的阅历一般都比后辈丰富。低调谦逊不是妄自菲薄,而是对长辈应有的尊敬。实际上,**那些狂妄的人往往都是肤浅的人,那些傲慢的人往往都是无知的人,那些炫耀的人往往都是没有真才实学的人**。**真正有涵养的人往往都是谦下的**。

俗话说“**一壶水无声响,半壶水哐当响**”。**有真才实学、品德高尚的人往往都是很低调的**。因此“**对尊长,勿见能**”说的是在长辈或尊长面前要保持谦逊,这是君子品格,此其一。其二,幼者正处于学习的过程中,无论是道德品行还是学养才华都需要修炼,需要长辈的指点,正是应该保持谦虚谨慎、不骄不躁的时候,如果你狂妄、炫耀、显摆、目无尊长,那等于是阻断了自己成长之路啊。你既然那么牛,别人就不屑教你了。你既然自以为很牛,别人都不如你,你就把心门关闭,闭关自守了。这样的你肯定在道德品行、学识涵养上都走不远。所以不要小看儿童行为习惯的养成教育,因为**举手投足间可见涵养,细枝末节中可定成败!**

历史上因狂妄而没有好下场的人也不少,我们略举一二。

如三国时期的**祢衡**。祢衡可谓是狂妄至极。东汉末年,群雄割据,人才辈出。曹操“挟天子以令诸侯”,招贤纳士,其帐下人才济济。孔融作为曹操的谋士就给曹操推荐了他的朋友祢衡,说“祢衡比我有才不止十倍”。于是曹操就把祢衡召到许昌接见。没想到刚刚落座,祢衡就狂妄地说:“天地虽阔,何无一人也!”意思说,曹操,你这个地方怎么一个人才都没有啊!曹操很奇怪,心想:这说的什么话?于是问道:“我手下文臣武将数十人,皆可称为当世英雄，卿怎么能说无人呢？”祢衡又傲慢地问：“那请说说都有谁呢？”曹操说：“文臣有荀彧、荀攸、郭嘉、程昱，堪比当年的萧何、陈平；武将有张辽、许褚、李典、乐进勇不可当，吕虔、满宠做从事，于禁、徐晃为先锋，夏侯惇为天下奇才，曹仁为世间福将，你怎么能说没有人才呢？”曹操如数家珍地把自己帐下的人才都罗列和夸奖了一遍。曹操很自豪，这些人都是历史上的风云人物，曹操深以为自己贤明，网罗人才不遗余力。

没想到祢衡这个家伙就此说了一段堪称前无古人后无来者的，最狂妄的话。他说：“公言差矣！此等人物，吾尽识之：荀彧可使吊丧问疾，荀攸可使看坟守墓，程昱可使关门闭户，郭嘉可使白词念赋，张辽可使击鼓鸣金，许褚可使放牛放马，乐进可使取状读诏，李典可使传书送檄，吕虔可使磨刀铸剑，满宠可使饮酒食槽，于禁可使负版筑墙，徐晃可使屠猪杀狗，夏侯惇称为完体将军，曹仁是要钱太守。其余皆是衣架、饭囊、酒桶、肉袋耳！”①大意是说，曹操你错了，你说的这些所谓人才我都认识，在我这里都不值得一提。还给他们安排了“工作”：荀彧吊丧还行，荀攸守墓可以，程昱看门可以，郭嘉念念辞赋还行，张辽就让他击鼓鸣金算了，许褚去当放牛马的牧民，乐进只适合宣读诏书，李典送送文书就好了，吕虔去磨刀铸剑，满宠就是酒鬼，于禁去做泥水匠，徐晃就是屠夫，夏侯惇是行尸走肉，曹仁是财迷。至于其他的人嘛，全都是酒囊、饭袋，都是废物！

这番话说出来，把当时在场的张辽气得肺都炸了，当场拔剑就

---

① 祢衡相关故事见[明]罗贯中：《三国演义》，吉林出版集团有限责任公司 2012 年版，第 153—154 页。

要动手杀掉祢衡。

曹操也气炸了，但正值收买人心，网罗人才之际，所以忍了。曹操大怒道："那你有什么能耐呢?"祢衡又回答了一段自大的话："吾天文地理，无一不通；三教九流，无所不晓；上可以致君为尧、舜，下可以配德于孔、颜，岂与俗子共论乎！"可谓狂妄至极。

也许祢衡确有真才实学，但如此狂妄、如此卖弄的祢衡最后怎么样了呢？曹操不喜欢他，送给刘表，刘表不喜欢他，送给江夏太守黄祖，一次黄祖被祢衡的狂妄激怒，直接把年仅 26 岁的祢衡杀掉了。祢衡真可谓是死于自己的狂妄、傲慢了！

杨修也是历史上的名士，在曹操麾下。这个人的确非常有才华，而且聪敏过人。但是他恃才傲物、锋芒太露。按我们现在的话来讲，就是牛哄哄的，太自以为是，太爱显摆，而且是在曹操面前显摆，揭露曹操小心思，搞得他老人家总是下不了台。后来曹操借夺嫡之争，把杨修杀掉了。下面是关于杨修的两个故事①，对提醒我们在长者或尊者面前保持谦逊与涵养，对提醒我们怎样与尊者、长者相处或许能有启发。

话说杨修倚仗自己的才能而对自己的行为不加约束，屡次犯了曹操的大忌。有一次，曹操造了一所花园。造成时，曹操前去观看，没有夸奖和批评，就叫人取了一支笔在花园门上写了一个"活"字便走了。大家都不了解其中的含义。杨修对工匠们说："'门'添活字，就是'阔'字，丞相嫌你们把花园门造得太大了。"于是工匠们重新建造园门。完工后再请曹操去观看。曹操很喜欢，问道："是

---

① 见[明]罗贯中：《三国演义》，吉林出版集团有限责任公司 2012 年版，第 496 页。

谁知道了我的意思?”下人回答:“是杨修!”曹操虽表面上称好,而心底却很嫉妒。

另一个说的也是一件轶事:有一天,塞北进贡给曹操一盒酥。曹操在盒上写了“一合酥”三个字放在案头。杨修见到了,竟然取勺子和大家将酥吃完了。曹操问其原因,杨修回答说:“盒上明明写着‘一人一口酥’,怎么敢违背丞相的命令呢?”曹操虽然喜笑,而心里却厌恶杨修。

如果说阔门改建的事情可视为杨修恃才放旷,尚且可以理解,那么自顾自地把别人送给曹操的酥吃完,那就简直是目无尊长了。如此为人处事,怎能不导致后来的杀身之祸。

再有就是历史上的韩信。韩信这个人是个人才,很会带兵,但也是个狂妄之徒。传说有一次,刘邦问韩信说:你觉得我可以带兵多少?韩信说:最多十万!刘邦又反问:那你呢?韩信说:越多越好,多多益善!也可见韩信之狂妄。最后韩信未能寿终正寝,狂妄必是原因之一。

所以,人之为人,切莫狂妄、傲慢、显摆,特别是切莫在长者、尊者面前摆出目无尊长的态度,那样既无涵养,也不讨人喜欢。为人,还是应该保持低调。正所谓韬光养晦、光而不耀,该耀的时候才耀。

(4) 路遇

原文:路遇长,疾趋揖,长无言,退恭立;骑下马,乘下车,过犹待,百步余。

译文:路上遇见长辈,应恭敬问好行礼;如果长辈没有说话,应退后恭敬站立一旁,等待长辈离去。如果遇见长辈时,自己是骑马或乘车,应下马或下车问候;等待长者离开百步之远,方可续行。

“路遇”这个部分内容还是讲的如何尊敬长辈。但着重说的是出行“偶遇”长者时，幼者或后辈的行为规范，指向性非常明确。

“路遇长，疾趋揖，长无言，退恭立”就是说走在路上，迎头遇到师长，要赶紧过去向师长作揖问好，谓之“疾趋揖”。作揖问好之后，等待师长回礼或发话，如果师长没有什么要说的，那么就恭恭敬敬地站在一旁，让道先让长辈过去，然后自己再往前走。就这么一个简单的礼节的规定，很容易做到。古人相互问好的时候有一个拱手作揖的仪式，这个仪式现在已经不流行了，为了跟国际接轨，改成握手礼了。从仪式的意义上来讲，握手和作揖是一样的。

我记得我小的时候，父兄、老师就是这么教我们的。他们教我们说，在路上遇到老师，就赶紧跑到老师跟前，跟老师说“老师好”。我们也不懂什么礼节不礼节的，反正就照做吧。每次遇到老师就说“老师好”，有些小学生还向老师敬个礼，通常老师会点头回应。现在学校里也还有教礼仪，但是对这些礼仪规范，孩子们知道得越来越少了。我发现，幼儿园的孩子最有礼貌，走进一个班级，全班的小朋友会一起喊“老师好”。然后是小学生，也常见小学生跟老师行礼问好。初中、高中的学生则不然，要是路遇老师，就绕道走或者装作没看见。这个是学校教育和家庭教育都值得反思的问题：为什么孩子越长大越不知礼节了呢？我做教育研究，经常会到学校调研，也和老师、家长有不少接触。我发现，那些家教好的孩子真的不一样，会热情地跟你打招呼，吃饭的时候主动帮你端茶倒水。但是家教不好的孩子，遇到客人来了、老师来了，自己横躺在沙发上，既不请客人坐，也不看你一眼，视你如空气。我们再看大学生，有些大学生见到老师来宿舍查访，不起身迎接，不向老师问好，不给老师让座，甚至完全不理睬，只自顾自地玩电子游戏，不但没有表现出一点尊敬师长的意思，而且暗地里还埋怨老师打扰他玩游戏了呢。这些都是家庭和学校的礼仪教育做得不好的表现。所以，**一个孩子受到的家教和学校教育如何？看孩子在校内外的言行举止就一目了然了**。

“骑下马，乘下车，过犹待，百步余”。这句是承接上四句的。上四句说的是一般的路遇，具有普遍适用性。这四句讲的是比较具体，一些特殊的“路遇”师长。比如你正坐着马车（或者牛车）、骑着马，迎面就遇到了尊长过来，这个时候要怎么做呢？《弟子规》说了，应该坐车的下车，骑马的下马。然后再**“疾趋揖”**，作揖问好。作揖完，你也不要马上走，等到长者无话，走过去了，你目送他大约50米（两步大约1米），看长者已经走远了，你再上车、上马前行。所以古代的礼节是如此的严格。你可能会问，古代怎么那么多繁文缛节啊，要是现在简直要烦死了。其实这都跟文化有关。我们的观念是根基于文化的。在那个年代这是大家通行的礼节，哪个人不这么做反而是不正常，要被指责的。古代社会非常讲究礼节，信奉**“不以规矩，不成方圆”**，认为礼崩乐坏是一个社会或国家最糟糕的状况。我们现在也常用礼崩乐坏这个词来形容社会风气败坏、道德伦常丧失的状况。

当今社会，各种礼节已经简化了很多了。但是有些礼节是不能简化的，比如“长者先，幼者后”，比如“父母呼，应勿缓，父母命，行勿懒，父母教，须敬听，父母责，须顺承”“称尊长，勿呼名”等基本的礼节是应该学习并教给我们的孩子的。我们刻板地要求“骑下马，乘下车，过犹待，百步余”并不现实，但是走在路上遇到老师、长辈却不能无视，这就是礼节，这就是涵养，这就是习惯，这就是家教。现在的孩子，因为缺乏家教，学校教育又过于看重知识的学习，疏于品德的教育，不要说待人接物的这些礼节不会，连起码的尊敬父母、师长都不会，这是为人父母、为人师应该反省的。《三字经》讲**“养不教，父之过，人不学，师之惰”**，意思是孩子不会、不懂、学不好，这不能全怪孩子，而是怪父母、老师不好好教！就像《弟子规》摆在这里，父母、师长自己都不学，自己行为习惯不好、道德水平低，你怎么教孩子学呢？孩子就像一块白板，这块白板上会有什么？可以有什么？最终会是什么？孩子年幼，做父母师长的要承担起责任。

(5) 坐谈

原文：长者立，幼勿坐，长者坐，命乃坐；尊长前，声要低，低不闻，却非宜。

译文：长辈站着的时候，晚辈不应该坐着。长辈坐下前，晚辈不应该先坐；大家都坐着的时候，长辈站起来时，晚辈也应该站起来；大家都坐着的时候，一个长辈进来了，晚辈也应该立即站起来，以示尊敬。长辈坐定以后，晚辈应该等长辈示意自己坐下时，才可以坐。

在尊长跟前与尊长说话，或者在尊长跟前与别人说话，应该低声细语，不应该咋咋呼呼；但声音太低，交头接耳，窃窃私语，让尊长听不清楚，也不合适。

“坐谈”分“坐”和“谈”。“坐”规定了与长者同室、同席时，幼者的举止。这是在“长者先，幼者后”的前提规定之下直接引申出来的关于“坐”的礼仪。近代以前的我国社会，作为子女是不能与父母辈“平起平坐”的，比如过去拍的一些“全家福”照片，你会看到，父母或长辈一定是在前面，而且通常是坐在前面椅子或凳子上，子女在后排围站——这种形式在某些场合现在也还保留着；再如老师和学生拍毕业合照，老师前排坐，学生后排站等。现代社会也很讲究关于坐的礼仪。例如晚辈或下属，与长辈或尊者对坐时通常需要侧点身子，正襟危坐，而不是整个人坐椅子里，甚至跷二郎腿、抖脚——这些都会被认为是不礼貌不庄重的行为。至于说关于重要场合排座次的规矩那就更讲究了。“谈”则是指幼者与长者交谈的礼节，特别强调了语调的问题。用语调语气来对长者表示尊敬，这应该是《弟子规》第二处出现的地方。第一次出现在“入则孝”中“谏过”部分，说劝谏父母的过错，子女的态度应该“**怡吾色，柔吾声**”。后边在“谨”这个部分还有一处，说“**将入门，问孰存，将上堂，声必扬**”，这是登堂入室中的礼节。也是唯一一处声音要大才够礼貌的地方——由此可见，说话、交谈时，声音的大小、腔调也要看场合，不可一概而论。现在社会更加讲究“平等”，这自然更有利于和谐长幼之间，使亲子关系、人际关系更加轻松、愉悦，但是这不等于可以不讲礼仪，不分尊卑，不分长幼。完全忽视礼仪尊卑，忽视长幼之别的教育，对亲子关系、人际关系最终必然是破坏性的，这个问题得辩证、客观地对待。基本的长幼、尊卑等行为规范是维护社会公序良俗的需要，现代社会亦然。

“**长者立，幼勿坐，长者坐，命乃坐**。”这四句的意思很简单，就是讲坐与不坐、怎么坐才能合乎礼节。长辈都没有坐，小孩子就不要自己占据了座位，跷着二郎腿坐在那里了。应该给长辈让座，如果是客人来，应该请长辈、客人入座。等长辈、客人落座了，你才坐。有些非常严肃庄重的场合，还要等长辈请后辈落座了，后辈才坐下来。坐下来以后不要东倒西歪、眼睛乱瞟、跷着二郎腿抖来抖去的。古人讲“**站有站相，坐有坐相**”，“站如松，坐如钟”就是站着要像松树一样挺拔，坐着要像一口钟一样四平八稳、端端正正的

（这个钟，是洪钟，是寺庙里敲的那种钟，不是我们说的钟表的钟）。古人有一个词来形容这种坐相，叫“正襟危坐”，表示非常严肃、非常庄重、非常正式，而且似乎在敬听的一种坐姿。

还需要说明的是，面对由“长者”引申出来的“尊者”同样要注意这些礼仪。“长者”一般指长辈，年长者，以年龄和辈分论。“尊者”就不一定了，尊重一般以身份和地位论，尊者不一定就是长者，长者也未必是尊者。比如你的上司，比如你的主考官，比如你要请求帮助的人等，可能他们的年龄在你之下，但是他们是“尊者”，同样应对之以长者的礼数。

我们不要小看简单的一个“入座”的动作，在我们中国这是非常讲究的。哪怕现代社会依然如此。比如座次的排列如何体现尊卑？一般以正对门的座位为尊，这个位置是留给最尊贵的客人的，随便乱坐就是“不知礼”。我们中国人还讲究以“左”为尊，“右”次之，左文臣、右武将，所以文臣比武将的地位要高一些。离“尊”位越远，表示地位越低。你看酒店包间服务员都是站在一旁的，因为这个时候他们是服务者的角色。对于服务行业来说，顾客就是“上帝”，就是最尊者，从这个意义上来说服务员站着为顾客服务恰恰是讲以礼、有涵养、知长幼、敬尊长的表现。是传统礼仪的现代表现。所以，一个讲究礼节的地方，我们走进去看看座次就知道来者的尊卑和地位了。如果不懂这些，是要闹出笑话来的。

在一些特殊的公开场合，比如应聘的场合，考官就是长者、尊者、主人（不论年龄），这个时候的尊者是以地位和身份而不是年龄定的——当然，面对长者，即使你有地位和身份，也应表现出对长者尊重。我敬你为“尊”，你敬我为“长”，这是知礼仪、有涵养的表现。以身份地位压人、目无尊长亦不可取。**礼节体现一个人的修**

养,甚至改变一个人的命运。这样的"鸡汤"故事很多,这里就不一一列举了。我们学《弟子规》,学礼,学行为规范不仅仅是为了照章办事,而是要学会迁移,举一反三,把我们学到的好的行为习惯,养成的高尚的道德品质运用于生活实践中。在生活中,在交际活动中体现一个人的涵养。没有人让你背《弟子规》来考察你的涵养水平的,但"礼义不可不知",如果父母师长不对孩子进行教育,他们又怎么会懂得这些呢?不及早教孩子"知道""知礼",将所知运用于生活中,难道非得让孩子碰些壁、吃些亏、闹些笑话、被人嘲笑之后才慢慢去学习吗?

"尊长前,声要低,低不闻,却非宜"。前文讲过,这里是《弟子规》第二处讲到用"声音"来表示对长辈的尊敬。在尊长前讲话,声音要平稳,音调不要太高,也不要太低。音量、音调太高,跟发号施令似的,是对尊长的不尊敬,而音量、音调太低,低到尊长都听不清楚了,像窃窃私语一样,也不合适。所以,说话音量适中,语气平和,语调平稳,这才显得庄重大方。**一个人庄重大方、说话得体本身就是对他人的尊重**。我小时候很内向,遇到长者总是很害羞,说话的声音很小。父母兄长经常对我说,说话声音要大一点。后来年纪渐长,身边的朋友也常常对我说,我说话的时候,声音往往比较小,周围的环境如果稍微吵一点,别人都听不清我说话,这可能跟我小时候养成的说话习惯有密切的关系。所以,后来我跟别人讲话的时候,就会有意识地提高自己的音量。事实证明,**当沟通的音量、语调适中的时候,沟通的效果是最好的**。**那些尖锐的声音或者过于低沉的声音,会导致沟通的感染力下降**。

(6)进退

原文:进必趋,退必迟,问起对,视勿移。

译文：到尊长面前，应快步向前；退回去时，稍慢一些才合礼节；长辈问话时，应该站起来回答，而且应该注视聆听，不应该东张西望。

“进退”4句承接前文，在“坐谈”的基础上进一步讲到和长辈交谈中的礼节。进到跟前和尊长对话或者汇报，要赶紧过来，不要迟缓、拖拉。说完话，汇报完了，或者听完尊长的吩咐、教诲了，要缓慢地退几步出去，再转身离开。当尊长问到你，点你的名，叫你回答问题的时候，你要站起来回答，目光坚定、不要游离，这是对长辈的尊重。

从“进”“退”“起”“勿移”这一连串的动作中，我们似乎可以看到一个有修养、稳重大方的君子正在彬彬有礼地和长辈交谈，很有画面感！这个画面似乎非常地熟悉，比如课堂上被老师叫起来，到讲台去发言或者做个演讲什么的，就需要“进”“退”“起”“勿移”这样的过程，所以《弟子规》是具有很强的实际指导价值的。

我们看到，“进”“退”“起”都是你的举止，你的体态语言，而“勿移”讲的是你的眼神。眼睛是心灵的窗口，反映着一个人内心的活动，也就是说这四句，不仅规定了进退应答时合乎礼节的动作、举止，而且连内心是否真诚、坚定都考虑到了。这个也说明，在言谈举止中，外部的行为和内部的心理活动是相辅相成的。“进”“退”“起”都做得很好，但是目光游离、没有自信、内心不坚定、不真诚，自己都不相信自己说的话，那就很难做到在交谈中怡然自得、落落大方。很多内向的孩子就往往这样，言行举止都没什么问题，也很合乎礼节，但就是感觉和人说话信心不够、声音太小，对自己的言论没有底气。所以，培养孩子的时候要注意内外兼修。除了行为习惯的养成，培养孩子自信、勇敢、大方、坚定的品格也是非常重要的。我自己有一个的体会，如果要改变自己内向的性格，可以从大声地说话开始。因为当你大声地说话的时候，你会感觉到一股力量涌上来，让你底气更足，久而久之，形成习惯，自信心就回来了。我觉得这个方法可以尝试一下。

2. 事父兄

原文：事诸父，如事父，事诸兄，如事兄。

译文：对待父辈祖辈，如养父、姑父、姨父、叔父、舅父、岳父、祖父、外祖父、曾祖父、外曾祖父等长辈，应该如同对待自己的亲生父亲一般孝顺恭敬；对待兄辈，如堂兄、表兄、族兄等兄长，应该如同对待自己的同胞兄长一样友爱尊敬。

“事父兄”四句，将对父母兄长的“孝悌”推广到你的父辈、祖辈、同辈、兄辈。这体现《弟子规》开篇所言“泛爱众”的思想。儒家讲“仁爱”，是一种大爱，不是单指爱自己、爱父母、爱兄长、爱族人，而是推广到爱人民、爱国家、爱天下。所以，这四句要表达的意思就很好理解了。如何对待“诸父”“诸兄”，只要对照着，像对待自己的父母、兄长那样就可以了。

这个说起来容易，做起来难。不要说“诸父”“诸兄”，连对“乃父”“乃兄”孝悌都不容易做到。2016 年，我国放开二孩政策，很多家庭想要生二胎的时候，父母都会征求孩子的意见，结果很多孩子都不同意。因为这些孩子害怕自己的弟弟妹妹会夺爱，更重要的原因是，缺乏“兄友弟恭”的教育，同时因为缺少兄弟姐妹，因此无法在与兄弟姐妹的相互关系中体会和掌握兄弟姐妹相处之道。

《孟子·尽心上》说的人生三乐：“父母俱存，兄弟无故，一乐也;仰不愧于天,俯不怍于人,二乐也;得天下英才而教育之,三乐也。"[①]孟子把和父母、兄弟在一起的天伦之乐放在第一位,可见其重要性和基本性。我们小时候的兄弟关系,正如颜之推在《颜氏家训》中所说的"**兄弟者,分形连气之人也,方其幼,父母左提右挈,前襟后裾,食则同案,衣则传服,学则连业,游则共方**",过去独生子女是绝难体会到这种兄弟姐妹情谊的,因为身边大都是独生子女,身边连榜样都没有!现在生育政策早已放开,多子女家庭渐成主流,"兄友弟恭"的家庭伦理教育有了更重要的现实意义。

四、谨

"**谨**"这部分共68句,204个字。主要讲的是日常生活中的行为习惯的养成。"谨"的含义可以理解为**严谨自律**、**谨小慎微**。分析发现,这部分内容是关于生活习惯、待人接物等琐碎行为的规范。但是事虽小,也应当谨小慎微,"**勿以善小而不为,勿以恶小而为之**",所以用"谨"这个字来概括这部分内容是非常恰当的。

"入则孝""出则悌"都主要讲幼者对长者的孝或敬。而从"谨"篇开始,包括后文"**信**""**泛爱众**""**亲仁**""**余力学文**"部分,都主要是对个人行为的规约,与个人的修为密切相关。君子如果想要在"入则孝""出则悌"的基础上,进一步升华自我,成为品德高尚、言行得体、不越礼数之人,那就要进一步按照"谨""信""泛爱众""亲仁""余力学文"的要求来强化自己的内在涵养和外在行为。

"**谨**"篇的内容可以概括为以下十个方面:**惜时**、**盥洗**、**穿衣**、**饮**

---

① 方勇译注:《孟子》,中华书局2022年版,第266页。

食、行走、执器、做事、勿近邪、拜访、借物。

(一) 惜时

原文:朝起早,夜眠迟,老易至,惜此时。

译文:早上要早起,晚上不要睡太早,人生易老,应该珍惜光阴。

这四句讲“**惜时**”。人生易老,时光易逝,所以要珍惜时间。孔子说:“**逝者如斯夫**”,《庄子·知北游》说:“**人生天地之间,若白驹过隙,忽然而已。**”[①]俗话还说:**一寸光阴一寸金,寸金难买寸光阴**。时间是世界上最宝贵的东西,过去就过去了,永远不会再回来。时间的一去不复返,散文家朱自清先生写得非常细腻,他在散文《匆匆》里说:“**洗手的时候,日子从水盆里过去;吃饭的时候,日子从饭碗里过去;默默里,便从凝然的双眼前过去;我觉察他去得匆匆了,伸出手遮挽时,他又从遮挽的手边过去;天黑时,我躺在床上,它便伶伶俐俐地从我身上跨过去,从我脚边飞去了;等我睁开眼和太阳再见,这算又溜走了一日;我掩着面叹息,但是新来的日子的影儿又开始在叹息里闪过了。**”[②]时间像个小精灵,轻轻悄悄地于不经意间在我们身边溜走了。无论你是伟人还是普通人,无论你是善人还是恶人,无论你是老人还是小孩……时间并不会因你的伟大、善良多给你一秒,所以,我们要珍惜时间。子女年幼时,父母就应该教育孩子珍惜宝贵的时光,不要把时光荒废在无意义的事情上。

---

① 方勇校注:《庄子》,中华书局 2010 年版,第 366 页。

② 朱自清:《匆匆》,载教育部编《义务教育教科书 语文 六年级下册》,人民教育出版社 2019 年版,第 42 页。

怎样把有限的时间充分利用起来呢?《弟子规》说**“朝起早,夜眠迟”**,意思是教育孩子早上早点起来,晚上不要睡太早。这样无形中就相当于延长了时间了。但是《弟子规》里并没有讲,朝起早是多早,夜眠迟是多迟。这个可能因人而异。一般我们还是提倡保证一天7—8小时的睡眠时间(包括午睡)。当然这是针对成年人的。对儿童来说,不同的年龄需要的睡眠时间有所不同:通常,1岁以前的孩子,需要12—16个小时的睡眠时间;1岁到3岁的孩子需要10—12个小时的睡眠;3岁到6岁的孩子需要9—11个小时的睡眠时间。按照现在的养生观点,每个人都有自己的生物钟,一般认为晚上11点前睡,第二天早上6点起床是比较合适的,中午再加上一个小时的午休,正好8个小时的睡眠。但睡眠时间的长短不是关键,关键是睡眠质量好坏。

现代人倒是很好地做到了**“夜眠迟”**了。时间宝贵,每天晚上舍不得睡。但时间都用来干什么呢?很多人要么躺在床上玩手机、刷视频,脑袋异常兴奋,睡不着;要么半夜一两点后还在酒吧、KTV、烧烤摊,感觉美好的一天才刚刚开始。晚上不睡觉,却期待白天睡到自然醒。所谓睡到自然醒,就是睡到太阳落山,晚上大家都睡的时候,他们像夜里的猫一样眼睛倍儿亮,神经兴奋毫无睡意。现在的青年很多都是这种状态:一到晚上就兴奋,一到白天就犯困,把白天和黑夜颠倒过来过。

我们教导孩子要珍惜时光,但是**反对挑灯夜战**。熬夜对身体的伤害是很大的。长期熬夜并不会让一个人对时间的利用效率提高,这一点我自己深有体会。我很少有通宵达旦熬夜的习惯,即使偶尔熬夜,一般也不会超过凌晨三点,我感觉凌晨三点就是我的极限了。偶尔因为有急事要处理,有材料急着要交,熬夜也在所难免。但我发现,每次熬夜以后,第二天会有昏沉的感觉,如果连续两三天熬夜,甚至感到脑仁疼,整天昏昏沉沉,严重影响了白天的工作效率。所以,我个人的体会是,熬夜不仅伤身体,对提高时间利用率,提高工作效率也无裨益。对于正在成长发育的儿童来说,更是要坚决反对熬夜了。

(二) 盥洗

原文:晨必盥,兼漱口,便溺回,辄净手。

译文:早晨起床,务必洗脸梳妆、刷牙漱口;大小便后,立即洗手。

早上起来要刷牙、洗脸、便溺等,这都是日常生活习惯。别小看这些小习惯,关系到一个人的卫生、健康与形象。洗漱净手都是卫生习惯,和人的健康行为密切相关。俗话说“**病从口入**”,不刷牙、不漱口的孩子牙齿坏得快,便溺不洗手也有害健康。对于儿童,这些小的行为需要大人加以培养,让他形成习惯,习惯了就自然了。刷牙、洗脸、上厕所对大人来说是很自然的事,并不需要有人监督和催促我们,因为我们已经形成了习惯,但对孩子来说不是这样的。年幼的孩子,你不教他“**晨必盥,兼漱口,便溺回,辄净手**”,他是不会做的。

所以对于我们成人来说,很自然、很稀松平常的事,在孩子这里是需要教的,需要通过反复的练习而形成习惯的。我们小的时候也是这样过来的,在大人的教和自己的模仿学习中养成好的习惯。孩子一旦形成习惯,就不再需要大人监督提醒,自己会去做了。我女儿在1岁七八个月的时候,我们就训练她自己刷牙,久而久之形成习惯,睡觉之前她自己都会说:“我们还没有刷牙”。我们教她养成每天晚上洗屁股的好习惯，后来每天她都会自己要求洗。有时候孩子的妈因为忙而忘记，她还会提醒。这就是习惯的力量。

如果没有养成好习惯会怎么样的呢？

第一，会把做这些事情当成一种负担。比如老一辈人中，很多都没有睡前刷牙的习惯，如果你要他们在睡觉之前刷牙，他们会觉得很麻烦，会抵触，觉得“晚上睡觉了还刷什么呀？”

第二，经常忘记做这些事情。比如大小便后要洗手这个习惯，如果没养成，很容易上完厕所转身就拿东西吃，而不自知不卫生。

第三，让你工作效率降低，生活陷入混乱，学习一团糟。习惯让一个人行为“自动化”，有更多的时间和精力从事其他的工作，感到生活更加有序、更加轻松。工作中的好习惯能助你更好地开展工作。生活中的好习惯同样能助你更好地生活。学习中的好习惯能助孩子更好地学习。我们会发现，那些生活习惯不好的人，总是容易把生活过得一塌糊涂、一团乱麻。那些整天丢东西、整天找东西的人，总是埋怨自己记性差，其实不是记性差，而是行为习惯不好。那些学习成绩很好的孩子，无一不是学习习惯极佳的孩子！

良好行为习惯的养成，最好的阶段就是儿童时期。儿童时期养成的习惯，通常能够很好地保持终身。如果错过了儿童时期行为习惯的养成教育，那么很难再培养出好的习惯。儿童时期如果养成了坏习惯，成年时也很难改掉。比如我爱看书的习惯就是小学的时候养成的。我写日记的习惯就是中学的时候养成的，现在一直坚持着。也有一些习惯，我想改但很难改掉，如我洗脸的习惯：我洗脸时，习惯用清水把毛巾打湿，直接用毛巾抹脸，而不用洗面奶。所以我现在很不喜欢使用洗面奶洗脸，试过几次都没有坚持下来，觉得特别别扭，所以难以形成习惯。**人到成年，不管是好**

习惯还是坏习惯都已经根深蒂固,再要改变很困难。所以,儿童良好行为习惯的养成应该趁早,而且不要忽视细小的行为习惯的培养。

(三)穿衣

原文:冠必正,纽必结,袜与履,俱紧切;置冠服,有定位,勿乱顿,致污秽;衣贵洁,不贵华,上循份,下称家。

译文:帽子一定要戴正,纽扣一定要扣好,袜子和鞋子,都要穿戴平整;帽子、衣服,放在固定的地方,不要乱放,以免弄脏;衣服穿戴贵在整洁,不在华丽,一方面应该考虑自己的身份地位,另一方面应该根据家庭实力量力而行。

“冠必正,纽必结,袜与履,俱紧切”。古代的人对穿着是非常讲究的,因为穿着是身份、地位的代表。所以衣冠不可以不整洁,不可以不符合身份。特别是对于朝服、官服之类的制服更是要严肃认真地对待。《弟子规》对穿衣的每一个细节都作了规范,如帽子要戴正。现在的小青年为了显示个性,故意歪戴帽子。你看那些跳街舞的青年,如果帽子戴得太正,反而是没有了街舞的味道。这是特定(例如演出)场合的需要,无可厚非。**“冠必正”**是对一般场合,尤其是正式场合的规定。还有**“纽必结”**,就是纽扣一定要扣起来,不可以敞开衣服、敞开肚皮。古代的衣服款式一般是对襟束腰或者斜襟侧边有纽扣的。现在的衣服则不同,许多款式都需要扣纽扣。但是不管怎么说,只要是需要扣扣子的衣服,都要尽量把扣子结好。另外,**“纽必结”**不仅是指扣要结,还有扣结好的意思。小时候大人都教过我们怎样把扣子扣进去,怎样保证在扣扣子的时候不会扣错——这是常发生的事情。

其实，不管是“**冠必正**”，还是“**纽必结**”，随着时代的发展，具体适用情境早已发生变化，刻意照搬并无必要。我们学《弟子规》不是要学习它上面那些过于死板的行为，而是要学习行为背后的礼仪、规范，领悟这些礼仪和规范背后的人生道理，如通过正冠、结纽来整肃自己的形象，这是任何年代、任何人、任何场合都需要注意的。

“置冠服，有定位，勿乱顿，致污秽”。这四句就很好地说明了行为规范并不仅仅止于行为规范本身。**行为规范最终是为了形成某种习惯、形成某种性格**。这四句话告诉我们的是东西不要乱放，要放在固定的地方。这样我们下次要使用的时候就容易找到。随便乱放东西，不仅不好找，还容易把东西弄得乱七八糟的。很多人都没有把东西放在相对固定位置的习惯，所以他们把家里弄得一团糟的，需要找某样东西的时候翻箱倒柜地找。**养成放置物品的好习惯，生活就会变得井井有条**。而且这样的**习惯是可以迁移到生活的方方面面的**，如迁移到工作中。如果你是乱放物品，不会收拾东西的人，那么不管是你家里的衣柜还是你办公室的办公桌，肯定都是乱糟糟的。一个生活上混乱的人，事业上又怎么能保证井井有条呢？**养成良好的行为习惯的意义就在于帮助我们把生活打点得更好**。**我始终坚信，生活习惯差的人，他也不可能打点好自己的生活**。

“衣贵洁，不贵华，上循份，下称家”。这四句就讲到了穿着和身份地位的关系。穿着上贵在整洁、大方，而不在华丽，也不必攀比。最重要的是穿着要得体，符合自己的身份、地位。穿着要量力而行，注意场合，不要爱慕虚荣，超出自己经济所能承受的范围。**贵洁、循份、称家的穿着规范**，对现代人的穿着打扮依然是实用的。

年轻人的穿着最忌讳攀比。攀比穿着的华贵会让人养成爱慕虚荣的心理,会让人浮夸而不切实际。超越自己经济能力范围的穿着,会让人把目光放在外表,而忽视内在的修为。对于儿童来说,习惯未成,如果过早地让儿童学会攀比、虚荣、越礼的行为,他们就会忽视德行的培养,以致空有外表的华美,而没有内在的充实。但凡孩子的穿着不得体、过于华丽,不符合儿童身份、地位的,家长一定在教育上有失职:要么疏于教育,任由儿童跟风攀比,要么家长就是那种"衣要华贵""不循份""不称家"的人,势必成为孩子模仿的对象。所以,一方面,家长要有意识地培养儿童的好习惯,另一方面,家长要为孩子养成良好的行为习惯树立榜样。

(四) 饮食

原文:对饮食,勿拣择,食适可,勿过则;年方少,勿饮酒,饮酒醉,最为丑。

译文:饮食,不要挑食;食不过饱,不贪嘴,不奢侈,不浪费。年幼者,不喝酒,酒醉之态,最丑陋。

古代,人们的物质生活水平没有现代这么高,物质条件相对贫乏,因此非常看重节俭。诸葛亮《**诫子书**》教导子孙"**俭以养德**",司马光在《**训俭示康**》中说"**由俭入奢易,由奢入俭难**",子孙奢侈惯了,一旦家道有变,后患无穷。孔夫子也说:"**以约失之者鲜矣**""**士志于道,而耻恶衣恶食者,未足与议也**。"[1]意思就是说,因为勤俭而有过失的人很少见,有志之士都崇尚美德,而耻于奢侈浪费。那些以穿着不华美饮食不精致为耻的人,有志的君子根本就不屑一

---

① 胡乃波译注:《论语》,华龄出版社 2017 年版,第 37 页。

顾。古人都以俭为美德，可是当今物质丰盈的年代，“勤俭”的美德却常被嗤笑为“固执”和“迂腐”，相反却崇尚美衣、美食，攀比奢侈之风甚嚣尘上。孔子说“**与其不逊也宁固**”，用现在的话来说，就是与其如此奢侈浪费，不知检点，不懂勤俭持家的道理，还不如“固执”“迂腐”地勤俭下去。

从“**俭以养德**”四字中，古人对“俭”的看重可见一斑。它绝不是现代人所理解的小气、观念落后。古人以“俭”来修炼自己的德性、德行，绝对和小气无关。现代社会也不乏这样的人，有些人自己生活非常简朴，但却极其热心公益事业，将自己的财富都奉献出来，这就是“俭以养德”。所以“**俭”的精髓在培德、在化育，在“宁静致远**”。

培养勤俭的品性和勤俭的行为习惯从哪里入手呢？就从饮食起居开始。所以“**对饮食，勿拣择**”绝不仅仅是一个简单的行为约束，也有关德性的养成。明清时期的朱柏庐《**治家格言**》里说“**一粥一饭当思来之不易，半丝半缕恒念物力维艰**”①，说的就是在“俭约”的行为中培养习惯和品行。古人的智慧启迪后人：一定要注重在生活的点点滴滴中，在日常的言行举止中培养一个人的德性和德行。特别是在物质生活富足的当今社会，“俭以养德”更应该被大力提倡和践行。道德教育、习惯养成光靠说教是没有用的。

“**食适可，勿过则**”。“**适可**”这个词非常耐人寻味。如果联合前几句“**对饮食，勿拣择**”，说饮食不要奢侈浪费、不要挑三拣四，要适可而止。我觉得“适可”至少包含两层意思：第一，饮食不要追求华丽，不要追求什么山珍海味，不要奢靡攀比，要简单朴素，量力而

---

① ［清］朱柏庐：《治家格言》，延边大学出版社 2016 年版，第 5 页。

行，适可而止。第二，食不过饱，不暴饮暴食，不贪口腹之欲。否则**过犹不及，奢靡攀比，有损德行心性，暴饮暴食，有损身心健康**。现代社会，许多病都是“富贵病”，如“三高”的低龄化现象就是吃出来的。这正应了古人的话：**“病从口入”**。

“年方少，勿饮酒，饮酒醉，最为丑”。这是教导子孙不要喝酒贪杯，酒醉的人实在丑陋无比。青少年正处于长身体、长智慧的大好年龄。酒精是麻醉和伤身的东西，青少年千万不要去触碰。一旦养成酗酒恶习影响身心健康，轻则上瘾，重则导致酒精中毒、神经系统受损、智力发育迟滞，造成无法弥补的损伤。不少人都有一个极其恶劣的行为习惯，就是用酒逗孩子玩，比如用筷子蘸酒给年幼的孩子品尝，美其名曰“品尝滋味”，实则贻害后人，不是居心不良就是愚蠢无知。成人实在应该对此引以为戒，不要做这种无知蠢事。饮酒方面，成年人也应该做好榜样，适可而止，勿露丑态，引人厌恶，对少年饮酒也应该劝诫**“年方少，勿饮酒，饮酒醉，最为丑。”**

年轻人，特别是年轻小伙子，崇尚抽烟、喝酒，以为豪饮才见哥们义气，推杯换盏才见英雄气概。这样的风气应该抑止。怎么抑止？就从成人自身行为的检点开始，为儿孙树立榜样。君不见，**父辈贪杯，子孙必豪饮；父辈豪赌，子孙必败家**。

父辈醉酒丑，家庭必不和。君不见多少醉酒者酒气冲天、一身污秽。男子狂性大发，暴打妻儿，妻离子散，后悔不已；女子醉卧街头，衣不蔽体，伤风败俗，不知自重。所以劝诫年轻人要自知、自爱、自重。从小养成良好的行为习惯，长大自然能够“俭约”自我。如果儿孙年少时，成人不知教导，久而久之，坏习惯成自然，终身难改！

（五）行走

原文：步从容，立端正，揖深圆，拜恭敬；勿践阈，勿跛倚，勿箕踞，勿摇髀；缓揭帘，勿有声，宽转弯，勿触棱。

译文：走路步伐从容稳重，站立要端正；跟人作揖，要深圆，拱手鞠躬，要真诚恭敬；不要踩在门槛上，站立不要歪斜，坐的时候不可以伸开两腿，腿不可抖动；进出房间揭帘子、开关门的时候，应该动作轻缓，不要故意弄出声响；拐弯的时候，应该绕大点圈，不要直愣愣的贴着墙角或者直角拐，这样就不会撞到物品的棱角，以致受伤。

“步从容，立端正”。走路步履稳健，行得端走得正，从容不迫，这是君子的风度。孔子说**“其身正，不令而行；其身不正，虽令不行”**[①]。这句话虽然说的是统治者要言行端正，做好表率才能得到百姓信服和支持但引申到人的行为中同样是合适的。古人其实是很会“以貌取人”的，很在乎一个人的由外在形象而透露出来的品性。一个人的外形气质、外在形象往往也反映内心的修为。内为本，外为辅，两者是相辅相成，相得益彰的。

一个走路稳健、自信、端正大方的人往往给人一种可靠、稳重而有涵养的感觉。相反，一个行不正、坐不端的人很容易让人怀疑这个人品德、行为习惯是否有问题，是否有涵养，是否靠得住。所以修身养性就要由外而内，从自己的言行举止中去进行修炼，这种由外而内的气质升华也是一个人提高修养的重要途径。还有一种途径是由内而外的，即通过饱读诗书、陶冶情操的方式来达到**“腹有诗书气自华”**的境界。对年轻人来说，这两种途径应该并行不

① 胡乃波译注：《论语》，华龄出版社2017年版，第146页。

悖，既要勤于读书，又要从言行举止的细微处养成品性和德行。

现在的孩子正因缺乏行为举止的养成教育，出现了不少形体行为问题。君不见中小学生走路或横行霸道，让他人“无路可走”，或低首含胸毫无自信，或畏畏缩缩不够大方，或扭腰摆胯有失稳重……这些都是从小缺少形体训练，不注重体态规范教育的结果。实际上，通过外在形象的改善来提升内在的自信，是提升一个人修养的良好途径。我们都有这样的体会，当你外在形象改变的时候，你的言行举止都会有所改变，久而久之必然影响心性、德行。例如，一个西装革履的人，再怎么缺乏涵养，也会有意收敛自己的言行，以符合身份；一个衣着得体地出现在公众视野中的人，再怎么“花架子”，也会努力让自己显得落落大方。如此久而久之，良好的行为习惯必然慢慢养成。所以，不要忽视对儿童、青少年“**步从容，立端正**”的规范教育。

“**揖深圆，拜恭敬**”。我国古人非常讲究仪式。“仪式感”这个词最近在网络传媒中也“火了一把”。**何为仪式感？其实就是“一本正经”地循着一套程序做一件事，显得庄重、严肃——给外界发出的信号就是：我们不是闹着玩的**。比如结婚仪式，只有“一本正经”地履行完那套程序，才算是真正结了婚。如古人有一系列繁杂的结婚仪式，特别是拜堂仪式必不可少。现代人结婚，拍婚纱照、旅行似乎必不可少，否则就感觉缺少点什么？缺少什么呢？就是那点仪式感。“**揖深圆，拜恭敬**”就是一种生活中的仪式。“作揖”“跪拜”或“鞠躬”都是一种仪式。但有仪式，未必有仪式感，必须一本正经、恭恭敬敬地履行仪式，仪式感才会出现。所以作揖要“深圆”，跪拜或鞠躬要恭敬，这才有仪式感——随便作个揖，敷衍了事是不会有仪式感的。

缺少仪式感的生活,让人感觉内心浮躁,忙忙碌碌却一点都不真实。那些真正懂得生活、热爱生活,热爱真理、追求真理的人都是非常注重仪式感的人。古圣先贤,如孔孟等儒家学派先贤就很讲究礼的仪式感。孔子非常注重礼仪,有一次,在鲁国的祭祀仪式上,学生子贡“**欲去告朔之饩羊**”,孔子说“**赐也!尔爱其羊,我爱其礼**。”[①]按现在的通俗话来讲就是说,孔子的学生子贡想要简化祭祀仪式,说就不杀羊祭祀了吧,孔子说:我在乎的并不是这只羊,而是这种仪式和仪式感啊!孔子说得真好,如果生活中没有仪式和仪式感,我们的生活将会变得多么地浑浑噩噩、索然无味。正如那句话所说的:**无信仰就无所畏惧,无所畏惧就无所谓,无所谓活着就失去了方向,活着失去了方向就如同行尸走肉!信仰就是仪式和仪式感的合体!**《弟子规》的作者,清朝秀才李毓秀肯定就是一个非常注重生活中的“仪式”感的儒者,否则写不出《弟子规》这么有仪式感的蒙学读物。

现代人的生活中已经没有“揖”“跪拜”这样的仪式了——只有在祭祖等仪式中还有所保留。但是我们的生活中有握手礼、拥抱礼、鞠躬礼、贴面礼……这些仪式和“作揖”“跪拜”是一样的道理。当我们和人行礼的时候,同样应该鞠躬深圆,握手、拥抱满怀真诚和敬意,在仪式中彰显仪式感。时代在发展、社会在变化,仪式也在变化,《弟子规》中所写的有些言行规范,在现代社会已经或过时,或变化了,如跪拜礼已经演化为问好、敬礼等,但不管怎样,仪式就是仪式,无论多么简单的仪式也要做出仪式感来。如果说仪式是“形”,那么仪式感就是“质”。形主外在可见、可观察、可操作

---

① 胡乃波译注:《论语》,华龄出版社 2017 年版,第 30 页。

的形式；质主内在体验、虔敬的、诚心的本质。因此，仪式可以很容易做出来，仪式感却需要从心而发。仪式可以依葫芦画瓢，仪式感却无法描摹。向长辈鞠躬、敬礼要有一颗恭敬、虔诚之心，才能有仪式感。**仪式是人类灵魂的净化器，仪式感是人类灵魂净化的标志。如果把良好的行为习惯、道德品行变成一种仪式，甚至升华为内心的仪式感，那么我们离圣贤也就不远了。**

“勿践阈，勿跛倚，勿箕踞，勿摇髀。”主要是对一个人站姿、坐姿、行姿的要求。现代很多人，对站姿、坐姿也是毫不在乎——想怎么坐就怎么坐，想怎么站就怎么站，更有甚者，大庭广众之下搞各种稀奇古怪的行为，美其名曰**“行为艺术”**。**现代社会对这些“形体”的要求看起来似乎没有古代那么严格了，实际上并非如此。古人将言行举止的规范融入生活，今人则将言行举止的规范融入行业要求**。言行举止规范、得体、大方是任何时代、任何社会都需要的。

不要横在门前挡路，不要踩在门槛上，不要歪七扭八地站着，坐着时不要岔开双脚抖来抖去，走路屁股不要扭来扭去。这些要求非常具体而实用。现代的房子，在设计上大多已经取消门槛了——门槛，在古代意义非凡，是房屋的标志，门槛的高低也是身份地位的象征，台阶也是如此——但是基本的礼仪并没有因为门槛的消逝而消失。**“将入门，问孰存，将上堂，声必扬”**的基本礼仪还是一样的。你到别人家里，做客也好，有事相求也好，进门肯定要先问一句“有人在家吗”？听到答应才能进入。你要进入堂了，肯定要大声示意以免打扰到别人的隐私。因为登了堂了，离“室”就很近了，“室”是古人私卧或私房处，你一点声响都没有，就那么跟做贼似的溜进去，那怎么能行！同样，站如松、坐如钟，走路端庄大方的礼仪要求还是和古代一样的。那些不适宜的行为规范该消亡的自然就消亡了。而那些为人处世、与人交际的基本礼仪，哪怕跨越数千年也不会过时，因为这是老祖宗在生活中、实践中总结出来的，是具有普适性的，有利于社会和谐发展、人类和谐共处的规范，所以它才能亘古不变、历久弥新。

在家庭以外，社会上各行各业也都有自己的职业道德规范，良好的行为习惯、道德品行是人类进步、社会发展的通行证。所以，人要受社会公德、职业道德和家庭美德的约束。古代，在职业道德上就讲究一个“诚信”，讲究“童叟无欺”，其他的社会公德、职业道德等道德行为规范都是从“家庭美德”中延伸出去的。正所谓“**老吾老以及人之老，幼吾幼以及人之幼**”是也。所以古人极其强调家庭教育的重要性，将人的一切不端行为都归结为“缺乏家教”。而**现代社会似乎搞反了，把教育推给学校和社会，却恰恰忽略了家庭教育的重要性，这是父母之过**。《三字经》里言：“养不教，父之过，教不严，师之惰”。所谓“养”，当然就是养育、教养，习惯、品性的养成。所谓“教”更多指的儒家经典的教育，也可以说是知识的教育。也就是说**家庭应该承担起蒙养教育责任，而学校主要是开智教育**。家庭和学校各有各的责任。现代社会，家庭教育往往重智轻德，让许多孩子在人生的第一所学校里就走偏了。这不能不说是父母之过，需要深刻反思。

（六）执器

原文：执虚器，如执盈，入虚室，如有人。

译文：拿空的器具的时候，应该像拿着里面装满东西的器具一样，端端正正；进入无人的房间，也应该像进入有人的房间一样，不可以随便。

“执虚器，如执盈，入虚室，如有人”。何为谨慎？我觉得这句话非常生动形象地道明了一个谨慎小心的人应该是怎么样的。我们知道，当我们端着装得满满当当的容器（例如盛着汤的碗）时，我们总是小心翼翼地行走，生怕洒出来，可是当我们拿着一个空容器（如空碗）的时候，我们就会掉以轻心，所以经常发生端着空碗反而摔碎，端着盛满汤的碗时反而安然无恙的事。所以“**执虚器，如执盈**”的训诫是很有道理的，但《弟子规》难道是要教导孩子，端着空碗也要像端着盛满汤的碗那样小心翼翼地走吗？当然不是，如果是这样，那简直太可笑了，只有演员或玩游戏的儿童才会这么做——假装碗里装满了东西。“**执虚器，如执盈**”对于孩子来说是一个要求，但更多的是一个比喻，用来说明为人处世，凡事都要谨慎小心，哪怕很简单、很容易的事情也要谨小慎微，就好像端着装满汤水的碗那样小心翼翼，这样才能少犯错误，甚至不犯错误。

这四句有点像古人写文章的“比兴”手法，以“**执虚器，如执盈**”句而引出“**入虚室，如有人**”句，意思就是即使进入没有人的房间，也要如同进入有人的房间一样，言行举止谨慎小心，不可以因为没有人就随便触碰人家的东西、拿人家的东西。不管有人没人，都要能够自我约束，不能做出格的事情。“**入虚室，如有人**”看起来说的行为规范，实际说的是君子品格。其实这就是儒家的“**慎独**”思想。“慎独”语出《中庸》：“**莫见乎隐，莫显乎微，故君子慎其独也**。”①意思是当一个人独处的时候，也能做到和有人监督一样，表里如一、

① 王国轩译注：《大学·中庸》，中华书局2016年版，第56页。

严守本分、不自欺不欺人。**慎独是一种修为，一种境界，一种自我约束**。意思就是说，君子任何时候，都能控制自己的欲望、规范自己的言行举止，不管有没有人监督、有没有人看见，哪怕独自一个人行事，也如有很多人监督一样严格要求自己。正如《**文子·精诚篇**》所说："**圣人不惭于景，君子慎其独也**"。东汉郑玄注《中庸》"慎独"说："**慎其家居之所为**。"元代张养浩《折桂令》曲言："**暗室亏心，纵然致富，天意何如？**"清代叶存仁说"**头顶三尺有神明，不畏人知畏己知**"，说的都是"慎独"是君子必需的修养。**君子不是靠外人的监督来规范自己行为的，而是自己约束自己，用自己的良心观照自己的行为，即使没有人知道，但是自己的良心知道**。君子不应该做会受良心谴责的事情。正所谓"神目如电"，即使你努力说服自己的良心，但是还有天地知道，怎么能说没有人知道呢。所以说"慎独"是很高深的道德修养，是君子所为。

（七）做事

原文：事勿忙，忙多错，勿畏难，勿轻略。

译文：做事不要慌乱，忙中容易出错；做事不要畏惧困难，也不要草率行事。

"事勿忙，忙多错"意思是做事情不要手忙脚乱的，即使事情很多，一时难以全部完成，也切忌贪快求全，因为这样必定会忙中出错、出乱，带来不必要的麻烦。比如匆忙出门忘记带钥匙、忘记带身份证、忘记带钱包等，这样不但影响了做事情的效率，影响了做事情的心情，还可能把已经做好的事情也搞砸了。

所以，即使事情很多但也不要忙乱。俗话说"**饭要一口一口地吃**"。同样，事也要一件一件地做。事情很多的时候要怎么办？不要匆忙,要稳重,事情很多又很着急的时候,那就要分轻重缓急,把最重要最急迫的那些事情先办完,此其一。其二,就是合理安排时间,千万不要把所有的事情都安排在临近截止日期时来做。要做好计划安排,才能够做到忙而不乱。

所以,**“事勿忙”**并不是“泰山压顶了有高个顶着”的心态,也不是事不关己高高挂起的“没心没肺”,而是说事情多的时候,要自己合理计划、安排,分清轻重缓急,让每一件事情都能得到妥善的解决,**不要因为自己的原因,人为地让自己陷入忙乱的境地**。例如,明明给了你一个星期的充足时间去完成一件事,你非要拖到最后一晚上才开始干,那你再怎么安慰自己**“事勿忙,忙多错”**都没用了。“事勿忙”实际上是考验一个人处理纷繁复杂的事物的能力。有些人不会统筹安排工作和时间,即使事情很少也做得乱七八糟的,而有些人善于统筹和安排时间,即使事情很多,也能把每一件事情都处理得妥妥当当。

“勿畏难,勿轻略”就是做事情不要害怕困难,但是也不要掉以轻心。“畏难”和“轻略”是辩证的关系,两者都要兼顾。按毛泽东主席的话来说就是“战略上要藐视它,战术上要重视它”。人们做事情时往往会有一个通病,要么“畏难”,要么“粗心大意”。畏难肯定办不好事情,而“粗心大意”则可能会把原本可以办好的事情也办砸掉了。有时候由于掉以轻心,越是简单的事情反而越是办不好。比如三国历史上有名的“马谡失街亭”“大意失荆州”等故事,都在说明掉以轻心、自以为是带来的严重后果。

(八) 勿近邪

原文:斗闹场,绝勿近,邪僻事,绝勿问。

译文：与赌博、色情等不良活动有关的场所，绝对不要去；对邪僻怪事，绝对不要好奇多问。

“斗闹场，绝勿近”意思就是那些扰乱心性，容易让人迷失自我，养成恶习的场所千万不要去。酒吧、网吧也非清净之地，不要靠近沾染。因为环境对一个人的影响是很大的，特别是年幼时，缺乏判断力和自我控制能力，很容易沾染上坏习惯、坏毛病。正所谓“积习难改”，坏毛病、坏习惯一旦养成，想要改掉就会变得很困难。《三字经》里说**“人之初，性本善，性相近，习相远”**。人最初都是本性善良、纯洁若天使的，是什么使人与人之间千差万别？是什么使人与人之间品性、习惯各不相同？就是后天的教育和环境的影响所致。一个人的绝大多数不良行为、不良嗜好都是在童年、青少年的时候养成的，比如抽烟、酗酒等，大多源于少年时代的跟风、猎奇，然后上瘾。成年人有自制力和自知力，一般不容易染上恶习。“孟母三迁”的故事也告诉后人，环境对儿童影响之大。所以，一方面父母应为儿童树立榜样。要想孩子不学坏，父母首先要作出表率，不要自己整天花天酒地，出入不良场所，却教育孩子不要沾染不良嗜好。另一方面，父母应在孩子尚处青少年的时候，努力为孩子塑造干净、积极向上的环境。让孩子的心性不被不良环境所污染。此外，更重要的是培养孩子明辨是非对错的能力，培养孩子的自我控制能力，让孩子懂得自我约束，主动远离不良场所、远离品性恶劣的人。

“邪僻事，绝勿问”。一些邪恶下流、荒诞不经的事不要因为好奇而过问。**“子不语怪力乱神”**。孔子说做好“仁德”的事就好了，青少年应把精力用于修炼品德和知识学习之上，不要去追问那些稀奇古怪、神鬼妖魔的事。因为儿童心性未定，对迷信的东西，道听途说的怪邪之事都容易信以为真，实在不利于青少年的身心健康成长。孔子还说“**非礼勿视，非礼勿听，非礼勿言，非礼勿动**。”①一切出格的事，不合乎礼节的事应该置之不理，更不要过问、模仿。儿童的头脑具有非常强大的吸收性心智，无论好坏对错，儿童都会全盘吸收。所以作为成年人，作为父母，应该让良好的行为习惯和道德品行去充实儿童的头脑，不要让“**邪僻事**”趁虚而入。**如果我们不用健康的、积极向上的思想武装儿童的头脑，那些低俗的、下流的思想杂草就会乘虚而入充塞儿童的头脑，堵塞儿童的心性，那时候，再想排除毒瘤就难了**。

（九）拜访

原文：将入门，问孰存，将上堂，声必扬；人问谁，对以名，吾与我，不分明。

译文：将要入门之前，应先问：“有人在吗？”进入客厅之前，应先提高声音，让屋里的人知道有人来了。屋里的人问：“是谁呀？”应该回答以名字；若回答：“是我”，让人无法分辨是谁。

这句讲的是到别人家拜访、做客时需要注意的礼仪规范。“**将入门，问孰存，人问谁，对以名，吾与我，不分明**。”说得非常清楚，进入别人家室，要先问家里是否有人，有人在，并得到欢迎才进去，如果没有人在就不要进去，因为家是私人领地，不可侵犯，私自进入他人的家是极端不礼貌行为。所以，父母就要从小开始培养孩子的行为习惯，告诉他为人处世的道理和规范。虽然孩子也能够在生活实践中向他人学习，但是如果没有父母长辈的教导，孩子可能

① 胡乃波译注：《论语》，华龄出版社 2017 年版，第 132 页。

会多绕很多弯，多吃不少亏才会明白这些道理。更令人担忧是，如果不及早养成良好的行为习惯，坏习惯已经养成，即使孩子将来意识到自己的问题，也因习惯成自然而难以改变了。

“将上堂，声必扬”。堂在古代的房屋结构中，是客人进入家门后的第一个地方，一般比较疏远的客人就在这里接待，只有亲密的人、可靠的朋友才会被邀请进入内室。内室在堂的后面。所谓“登堂入室”也。也就是说一个人进入堂屋，那么家里主人的私密领地就只剩下一道屏障了，内室的动静都可能听得见了。进入堂屋里，客人的说话声音要大一些，如果主人没有听见，有时候也可以故意咳嗽一下，让主人知道有人来了，这是一种礼貌行为。如果偷偷摸摸、不动声色就摸到堂屋里，会让人有一种被偷窥、窃听的感觉，容易引起主人的不快甚至不必要的误会，万一主人恰巧丢了什么财物，那就说不清道不明了。

“人问谁，对以名，吾与我，不分明。”你进门的时候，或者在堂屋的时候，主人问“是谁啊”，你要告诉主人你的身份、姓名等能够让主人确认你身份信息，而不要简单地说“是我”。如此含含糊糊的回答，显得很没教养。所以《弟子规》的好处就在于教你生活中最细致的行为规范和礼仪。别看这么一个简单的礼貌行为，父母长辈如果不教，孩子还真不是马上就懂的，甚至到一定年龄了都还不懂这些礼节。从这个意义上讲，儿童的学习也是需要引导的。所谓引导就是引起孩子的注意，让孩子注意到长辈是怎么践行规范和礼仪的，孩子自然会在潜移默化中学习。

（十）借物

原文：用人物，须明求，倘不问，即为偷；借人物，及时还，后有急，借不难。

译文：想用别人的物品，要征得他人同意；未经同意而擅自取用，就是偷窃行为；借人物品，应及时归还，以后若有急用，再借不难。

这八句话讲了一个极为简单的，但却不是所有人都能做到的行为规范，那就是“借物还物”的行为。虽然讲的是行为，但实际上说的是诚信。**“用人物，须明求，倘不问，即为偷；借人物，及时还，后有急，借不难**。”意思很简单，就是说拿人家的东西，要经过主人的许可，否则就和偷窃没有差别；借人家的东西要及时归还，如果拖拖拉拉，甚至借而不还，下次再想借就难了，因为人家已经看清楚你的品行了。这次借东西不还，下次谁还会愿意再借东西给你呢？

一个小小的关于拿物、借物、还物的行为就可以折射出一个人道德品质。一个小小的行为就可以成为一个人是否“诚信”的试金石。先哲孔子在《论语·为政》里说过：**“人而无信，不知其可也，大车无輗，小车无軏，其何以行之哉？”**①就是说，一个人如果不讲诚信，我都不知道他算不算是人，如何在社会上行得通？就好像古代的车没有軏（古代车上置于辕前端与车横木衔接处的销钉）一样，根本无法驾驭。同样的，**“人无信不立”**，人而无信根本就难以在社会立足。正是因为“信”的重要性，是人立足的根本。孔子对“信”极其看重，多次论及。孔子的弟子曾子曰：**“吾日三省吾身：为人谋而不忠乎？与朋友交而不信乎？传不习乎？”**②信是一种态度，是一种人际关系的反映，是为人处世之道。

---

①② 胡乃波译注：《论语》，华龄出版社 2017 年版，第 20、3 页。

“诚信”，不仅对个人而言是重要，对国家而言也极其重要。孔子的弟子问孔子如何治国，孔子说要做到三点：要“足食”，即有足够的粮食；“足兵”，即有足够的军队；“足信”，即还要得到百姓的信任。弟子问，如果不得已必须去掉一项，去哪一项？孔子回答：“去兵”。弟子又问，如果还必须去掉一项，去哪一项？孔子说：“去食。民无信不立。”可见，在孔子看来，得到百姓的信任比什么都重要。

五、信

“信”这部分，共有 60 句，180 个字。“信”一般解释为诚信、信用。但《弟子规》中“信”所包含的规范中，远远不止诚信、信用的意思，还包括勿轻言、勿轻传、勿轻信、勿轻诺、勿偏听、勿管闲、思齐内省、当自砺、勿生戚、闻过喜、无心非、过能改等各方面。因此对“信”的理解，不能狭隘地理解成“诚信”。“信”这部分内容的确主要跟言语有关，也就是说话要算数，所以关于言语方面的规定比较多，包括听、言、诺都要讲这个“信”字。“听”如闻过喜、勿轻信、勿偏听等；“言”如勿轻言、勿轻传等；“诺”如勿轻诺、信为先等。

因此，我们在对“信”部分的解读中，把原文打散以后归纳概括为**“言”“听”“诺”“思齐”“自砺”**五个方面。

（一）言

原文：凡出言，信为先，诈与妄，奚可焉。

译文：开口说话，诚信为先，欺骗和胡言乱语，不可为。

开口说话，一定要诚信优先，千万不要信口开河。一个人要对自己的言语负责，说真切的话，说过了脑子的话，说能实现的承诺。不然就给人一种没信用、不靠谱的印象。**“君子一言，驷马难追”**，说出去的话如同泼出去的水，如果答应别人的事一定要努力去实践、履行。实在已尽心尽力却未能做到，那也要跟别人说明情况，表示歉意，甚至要赔偿人家的损失。这才是讲诚信、靠谱的真君子所为。随便答应别人而不兑现诺言，或答应了却不尽心尽力，与欺骗无异。

有名的《**曾子杀猪**》的故事就是告诉我们为人父母者要讲究诚信，为孩子树立榜样，切不可以孩子还小或哄孩子为借口，不讲诚信。诚信对任何人都是一样的，应当做到童叟无欺。孩子是有样学样的，特别是幼儿，关于对错缺乏判断力，全听父母师长言说。父母师长的言行举止都会成为孩子模仿学习的榜样，所以为人父母者应当谨慎为之。

曾子之妻之市，其子随之而泣。其母曰：“女还，顾反为女杀彘。”

妻适市来，曾子欲捕彘杀之。妻止之曰：“特与婴儿戏耳。”

曾子曰：“婴儿非与戏也。婴儿非有知也，待父母而学者也，听父母之教。今子欺之，是教子欺也。母欺子，子而不信其母，非所以成教也。”遂烹彘也。（选自战国·韩非《韩非子·外储说左上》，中华书局《诸子集成》本1954年版）

这个故事大概讲述的是：有一天，曾子（孔子的弟子）的妻子要去赶集，他的儿子非得跟着去，不让去就哭闹不止。妻子不耐烦就哄孩子说：“你不要去，赶紧回去吧，等我回来了我杀猪煮肉给你吃。”后来，妻子赶集回来了。曾子就磨刀霍霍准备杀猪了。妻子赶紧阻止说："我是哄孩子玩的（怎么能当真呢），只不过和孩子开个玩笑而已。"曾子说："不能与孩子开玩笑。孩子智慧未开，判断力不够，不明白什么玩笑不玩笑的，只会跟父母学，听父母的教诲。你现在哄孩子说杀猪煮肉吃又不做，等于是欺骗孩子，你这是在教孩子欺骗。再者，你欺骗孩子一次，下一次孩子就不相信你了，这样教育是没有效果的。"于是曾子杀猪煮肉。

可以说曾子为我们树立了很好的教子榜样，那就是言传身教、以身作则。

原文：话说多，不如少，惟其是，勿佞巧。

译文：话多不如话少；说话实事求是，不要妄言取巧。

这四句话是说，我们应该少说话，多做事。话不在多，说清楚说明白就行了。俗话说："**言多必失**"。说话的时候，最重要的是内容真切、实际，有根有据，恰到好处，不要多说废话。特别是不合时宜的多话，简直惹人厌烦。就像人们常说的"**你不说话，没人会把你当成哑巴**"，不分场合地乱讲话，不但不受欢迎，反而会给自己惹来麻烦。

老子在《道德经》里说："**大直若屈；大巧若拙；大辩若讷**。"①是指真正聪明的人，不显露自己，不露锋芒；真正心灵手巧的人，从表面看，好像很笨拙的样子；真正的善于辩论的人从来不轻易开口，甚至看起来不善言谈，很木讷。俗话说"**沉默是金**"，该沉默的时候沉默，比滔滔不绝、口若悬河还要金贵。俗话又说"**是非只为多开口，烦恼皆因强出头**。"人与人之间的多少是非皆因"口舌"。殊不

① 饶尚宽译注：《老子》，中华书局2006年版，第111页。

知真君子都是言少行多的人，少说话也可以少授人以柄。我国近代学者胡适先生说过一句有名的话，他说“有几分证据说几分话”，他是指做研究、做学问应该实事求是，不要信口胡诌。做研究如此，做人如此，做事如此，说话亦如此。

原文：奸巧语，秽污词，市井气，切戒之。

译文：不要讲奸邪取巧、下流肮脏的话语；势利市井之气，千万要戒掉。

这四句是教导人们不要用那些狡诈取巧、下流肮脏、势利粗俗的语言。如果有这种行为一定要戒除掉。我们在生活中难免会与市井势利之人接触，难免会与奸污小人有交集，他们的粗俗恶语千万不要学。不要让孩子去接触这些市井粗言俗语，因为孩子缺少判断能力，肯定会出于好玩或好奇而模仿学习，习惯养成很难改变。

良言美语，说话得体大方、文辞优雅是一个人有涵养、有修养的表现。反之，则缺乏修养。因此，我们应该从规范言谈举止入手来提升一个人的气质涵养。当我们的语言变得高雅时，我们的内心也是高雅的，当我们的语言是淡泊的，我们的内心也是淡泊的。一个人的言语、行为和他的内心修为是一体的。我们应该教导儿童向仁德之人靠近，学习仁德之人的美言美语。但也一定要注意，“美言美语”不是谄富、不是献媚，不是拍马屁。符合特定场合、符合言者身份的得体的话语才是美的，阿谀奉承之语，言词再美也不免低俗！

原文：见未真，勿轻言，知未的，勿轻传。

译文：没有得知真相之前，不要轻易发表意见，不知道真相的传言，不可轻信而传播。

自己没有亲见或真实体验过的事情，如未经证实，不要随便发表意见。对于事情、言论等，还没有透彻地了解之前，不要随意传播，以免造成不良的后果。例如现在网络传媒时代，任何人都可以是传媒介质，随便一个信息，短短的几分钟之内就可能传遍海内外。随意传播谣言祸患无穷。正所谓“谣言止于智者”，我们的老祖宗早就说过了不信谣、不传谣是一种智慧。

俗话说，“三思而后行”，这句话搬用到说话的方面，就要“三思而后言”。人们在冲动和愤怒的情况下，往往容易说过分的话、说伤人的话。因此要时刻提醒自己“**冲动是魔鬼**”，愤怒使人智商归零。因此，特别是人处在冲动和愤怒的状态之下时，一定不要轻言，否则图一时之痛快，伤害了亲人、朋友，后悔莫及。我们在开口说话之前，要多想想：我说的话可靠吗？我说的话真实吗？我说的话能兑现吗？我说话的时候有添油加醋吗？我说的话是必须说的吗？……愤怒和冲动时，要提醒自己：无论想说什么话都忍一忍，先放一放再说。因为当冷静下来之后，你就会发现很多话不仅是多余的，而且说了必定伤人。

原文：凡道字，重且舒，勿急疾，勿模糊。

译文：说话时咬字清楚，语速舒缓；说话不要太快，吐字不要模糊不清。

我们讲话吐字要清楚有力，语速适中。如果说话太快，吐字就会模糊，表达就会词不达意，让别人无法听清楚你说的话，无法听明白你表达的意思。

我们说话，主要是说给他人听，而不是说给自己听的，所以说话时，第一要注意的是听话的对象是谁？是成人、还是老人、孩子，是尊长还是同辈，是文化水平高的还是文化水平低的人……如果你表达的意思别人不能理解或没听清楚，那说话的意义也就失去了，你还不如写下来。要让对方听明白、听懂，就要注意自己语速、语调。如果遇到一些比较特殊对象，比如幼儿，还要故意放慢语速，如遇到耳朵不好使的长者，不仅要放慢语速，还要提高音量、提高语调。

原文：彼说长，此说短，不关己，莫闲管。

译文：不要当面说别人长处，背后说人的短处；不关自己的是非，不要无事生非。

有人说长道短，不要跟着去掺和，自己也不要对他人说长道短，特别是不要当面说一套，背后说一套，做两面派。与自己无关的是非，不要闲管。

两面派是最惹人讨厌的，一旦事情败露，里外不是人，两边不讨好。两面派是典型的惹是生非的人，当面说你好，背后说你坏，无事生非，挑拨离间。所以我们一方面要提防这样的小人，另一方面做好自己，不要让自己成为这样的小人。孔子说“**己欲立而立人，己欲达而达人，己所不欲勿施于人**”①，意思是自己都不喜欢的事不要强加给人，自己都不喜欢的人，不要强迫人家喜欢，自己都做不到的事，不要强迫别人做到。反过来也是一样的，自己都不喜欢别人说长道短，那么自己也千万别成为说长道短的人。人容易

① 胡乃波译注：《论语》，华龄出版社 2017 年版，第 69 页。

犯的一个错误就是对自己宽容对别人严苛。看到别人说三道四很讨厌,可是自己也不免如此,说别人的时候还眉飞色舞。俗话说:“**利刃割体痕易合,恶语伤人恨难消**。”讲人是非,揭人隐私对人的伤害是无形的,比切肤之痛更甚。

《弟子规》里就说了,“**扬人善即是善**”,“**扬人恶即是恶**”。喜欢做两面派,背后说是非的人多半也不是什么道德高尚的主儿。说朋友的是非长短,最后导致关系破裂,那就得不偿失了。谚语说:“莫说他人短与长,说来说去自遭殃。若能闭口深藏舌,便是修行第一方。”所以修心先修口,修炼自己的口德。

“**不关己,莫闲管**”就是说不关自己的是非不要去管。这里不是说人人都应该“**各人自扫门前雪,休管他人瓦上霜**”或“**事不关己高高挂起**”,而是说不要惹是生非,挑出事端。比如看到两人吵架,不是去劝架,而是去当帮凶,那就真是“闲管”了。反之,需要你挺身而出的时候,你却明哲保身、保持冷漠那就错了,要深刻理解什么是“不关己”。举一个惨痛的教训:2018 年 10 月 28 日,一辆行驶在重庆万州区长江二桥上的公交车,因一名女乘客坐过站让司机停车未果,用手机打司机的头,导致公交车冲出桥上护栏,落入江中,全车 15 人全部遇难。①悲痛。如果那个时候有人挺身而出制止那个“泼妇”的恶行,就不会酿成 15 条人命的惨案。何为“不关己”? 请三思。

---

① 该案件各大媒体均有报道,笔者见于百度百科:《10·28 重庆公交坠江事故——2018 年重庆市一起交通事故》,https://baike.baidu.com/item/10%C2%B728%E9%87%8D%E5%BA%86%E5%85%AC%E4%BA%A4%E5%9D%A0%E6%B1%9F%E4%BA%8B%E6%95%85/22995295?fr=ge_ala。

(二) 听

原文：闻过怒，闻誉乐，损友来，益友却。

译文：听到别人批评自己就生气，听到别人称赞自己就欢喜，如果这样，坏朋友就会来找你，良朋益友就会离你而去。

我们的耳朵都有一个毛病：喜欢听好话，喜欢听甜言蜜语，喜欢听顺耳的话。可是好话、甜言蜜语、顺耳的话未必就是真话、实话。相反大多数时候是谎话、客套话、奉承话。那些真正的实话、好话往往不中听，正所谓“忠言逆耳，良药苦口”。

我们的耳朵有这个臭毛病，所以我们要时刻提防它犯错误，提防它听不得逆耳的话，提防它偏听偏信。

“闻过怒，闻誉乐，损友来，益友却”就是说一个人要提高自己的修为，就要听真话、实话、忠言，哪怕逆耳。就怕耳朵修炼不好，听到别人指出自己的过错就暴跳如雷，听到别人奉承的赞誉就沾沾自喜。如果这样的话，那些坏人，那些巴结你的人，那些阿谀奉承的人知道你有这种“喜听好话”的嗜好，就都来亲近你、笼络你、蒙蔽你了。而真正为你好的良师益友就被你拒之于门外了。久而久之，你的道德水平越来越低，过错就会越来越多，最后与这些小人为伍。当无利可图时，连小人都抛弃你。所以，你要修炼你的耳朵，而修炼耳朵，根本上是要修心。内心正义、坚定，任何甜言蜜语也欺骗不了你。

原文：闻誉恐，闻过欣，直谅士，渐相亲。

译文：听到他人称赞自己，唯恐过誉；听到别人批评自己，欣然接受，良师益友就会渐渐和你亲近。

“闻誉恐，闻过欣，直谅士，渐相亲”这四句是承接上文的“闻过怒”而言的。进一步说到应该如何修炼自己的心性，达到这种境界：听到别人赞誉自己，就诚惶诚恐，生怕别人赞誉过度或是存在谄媚、奉承的嫌疑，生怕中了“糖衣炮弹”的攻击，时刻提醒自己保持清醒，不要被赞誉和甜言蜜语所蒙蔽，飘飘然不知所以。听到别人批评或者指出自己的过错就欣喜，又可以改过从善让自己变得更加优秀了。如果一个人能达到这种境界，有这样的涵养，那些正直、善良而有德行的人就会愿意靠近你。和优秀的、德行高尚的人在一起，你自己也会变得越来越优秀。**种下一种行为，收获一种习惯，种下一种习惯，收获一种性格，养成一种性格，收获一种命运**。一种良好的行为就让命运得以改变，真不是夸大其词啊！对于“**闻誉恐，闻过欣**”最好的典范就是我们的孔老夫子了，他说“**朝闻道，夕死可矣**”，意思就是早晨学到了仁德、听到了好的礼仪，提高了自己的修养，那么哪怕要我晚上结束生命我都愿意。这种求道若渴的精神非常值得我们学习。

《管子·君臣上》：“夫民别而听之则愚，合而听之则圣。”①意思是如果只听一面之词，人就会陷于愚钝，被蒙蔽而不自知，所以必须要广纳良言。唐太宗李世民也问过魏徵：“**人主何为而明，何为而暗？**”就是作为人君、皇帝，我要怎么做才算是个明君呢？魏徵回答说：“**兼听则明，偏信则暗**。”②如果只听一面之词，人君就容易陷入昏庸。历史上的商纣王和隋炀帝都是这种喜听“好话”，偏听偏信，最终导致亡国的前车之鉴。所以“**闻誉恐，闻过欣**”说的也是这个意思。人，不要只听好话，只喜欢听好话，**偏听偏信**。而应该

---

① 李山、轩新丽译注：《管子》，中华书局 2019 年版，第 519 页。

② 见[北宋]司马光著，陈佩雄主编：《资治通鉴》，中州古籍出版社 2005 年版，第 966 页。

时刻警醒自己赞誉可能是“糖衣炮弹”，那些诚心诚意指出自己过错的人，才是正直可交，真正为自己好的人。

（三）诺

原文：事非宜，勿轻诺，苟轻诺，进退错。

译文：对不合理的要求，自己做不到的事情，不要轻易答应许诺；如果轻易答应许诺，就会使自己进退两难。

“诺”在古代是表示应答的用词，有“好的”“是”“收到”“行”“我明白了”等意思。还有另外一层意思，也是一直沿用至今的，表示“承诺”“答应”“许诺”“诺言”的意思。

“事非宜”这个“非宜”是不适合的意思，但是所指非常宽泛。什么样的事是“不适合”轻诺的呢？这就需要我们在生活中、工作中，根据道德规范、法律规范、自身能力和当时的场景作出判断了。对儿童而言，首先要帮助孩子养成不轻易承诺，凡事三思而行、三思而言的好习惯，并在此过程中让孩子明白哪些事情是不可轻易承诺、应承的，即明了“非宜”之事。**“事非宜，勿轻诺，苟轻诺，进退错”**四句就是告诫我们不要轻易作出“非宜”的承诺，如果轻易承诺，就会使自己处于进退两难、里外不是人、吃力不讨好的境地。轻诺是大错特错的行为，轻诺是不经思考的鲁莽行为，轻诺是不负责任的行为。

我们来总结一下有哪些“非宜”之事是不可轻诺的呢？

第一，违背法律、违背伦理道德之事不可答应、承诺。例如邀约拦路抢劫、打群架、瓜分别人的家产……，无论多么好的朋友都不可以答应，不但不可答应，还应该劝谏，让对方放弃这种违法、违理的想法和行为。如果这种时候讲朋友义气，则同入“万劫不复”

的深渊，这不是相帮，而是相害。

第二，涉及他人家事不可随意允诺。俗话说：**“家家有本难念的经”“清官难断家务事”**。你非身在其中，不了解情况，不要轻易掺和别人的家事，更不要轻易允诺他人。否则陷自己于“进退两难”的境地，还可能导致朋友关系破裂，引起他人厌恶，甚至引火烧身，殃及自家。特别是他人家庭矛盾不要掺和，比如人家的婚姻关系出现问题，正在闹矛盾，你只能劝和不劝离——万一人家复合了，你就成“小人”了。解决不了的问题，交给仲裁机构、司法部门，也不该你来管。

第三，说媒撮合之事不轻诺。比如一个熟人或朋友要你介绍对象，不可轻易允诺。最多帮助引见，相互认识，有没有缘分是他们自己事情，你不是他们的父母，做不了主。一段姻缘成了，你是“红娘”，好人一个；如果双方并不合适，你当时的强力“撮合”就可能成为别人指摘的把柄。即使别人不责怪，自己内心也不安。所以有人让我“说媒撮合”，我都是不答应的，免得陷自己于不仁不义，两边不是人的境地。

第四，不属于自己管辖范围内的事不轻诺。有许多事情不该你管，或者你根本就管不了的，不要“闲管”、轻诺。如果你轻诺，不但解决不了问题，反而坏事、添堵、添乱。现代社会，法制越来越健全，职能部门越来越多，许多的事情都可以交由职能部门来操作，凭个人的能力有时候不但解决不了问题，还可能违法、违理。例如，你是某部门小领导，朋友相托，让你帮忙解决工作问题。你可以在合理合法的范围内，帮朋友引荐和推荐，牵线搭桥。但不可轻易行朋友义气，拍着胸脯说“放心，这事交给我”。这种轻易承诺往往变成鲁莽行为。若一年半载不能帮朋友解决问题，必定伤害朋友间的感情、信任都没有了。

第五，超出自己能力范围内的事不轻诺。明明你没有能力、没有时间帮忙的事情，如果碍于朋友、师长的面子应承下来，最后很可能不但得不到感谢，还两头受气。超出自己能力范围的事，如果轻诺他人，哪怕自己很努力了，也不能赢得感激，因为你明明做不到，却还允诺他人，耽误人家时间，浪费人家金钱。这种行为大错特错。因此，哪怕朋友间、师长间，也不要碍于情面而犯下轻诺的错误。如果自己做不到，不如诚恳地说出来，真诚地表示歉意，我想作为师长、朋友定然也能理解——如果朋友不能理解，非要陷你于不仁不义的境地，那么这种朋友不交也罢——即使一时不能理解，以后自然也会明白你的苦心的。

我记得，有一次，我的导师要编写一本书，其中有些章节想交给我，并且时间很紧，截止日期在即。但是我当时刚参加工作不久，办公室琐碎的杂事特别多，时间又那么紧迫，更重要的是她要编写的书，我很难获得相应的资料。没有资料，又没有时间的保障，编书这件事情基本上就办不成了。所以我思量以后，非常诚恳地跟导师说明情况，表示歉意，说这件事我可能办不好，您得另寻他人了！拒绝了导师的好意，我内心是忐忑和愧疚的，但导师不但没有责怪我，而且很快地回复我说："我就喜欢这样的，能做就说能做，不能做就说不能做，要及时提出来，不要到后面又推托因各种困难完不成！"我估计导师是在此之前碰壁了，有人答应了她，但是交稿在即，那人却临时甩手，导致她得临时找人接这个烂摊子，因此想交给我的时候，时间才那么紧迫。因此，**超出自己能力范围的事情不要轻易允诺，这既是为自己好，也是为他人好**。因为他人肯定是希望把事情办好的，人家信任你，把事情交给你，最后你甩手或做不到，岂不是也陷他人于不利的境地？这等于害了人家。

（四）思齐

原文：见人善，即思齐，纵去远，以渐跻。

译文：看见他人的优点（善举、品行），立即向人学习看齐；即使和他比，还相差很远，也要努力缩小差距，逐渐赶上。

《论语》中说：**"三人行，必有我师焉，择其善者而从之，其不善者而改之。"**[①]说的就是每个人都应该多向有仁德的人看齐，向有仁德的人学习。只要是有仁德、才干的人，即使地位比自己低，也应该**礼贤下士**、**不耻下问**，千万不要碍于面子，错失真理。古希腊哲学家亚里士多德曾经说过一句至理名言：**"吾爱吾师，吾更爱真理"**。就是说追求真理是永不止步的，无论是师长、同辈、朋友还是普通百姓，只要他们有学问、有道德，都应该恭敬诚信地向他们学习，唯恐自己落后了。这就是**"见人善，即思齐"**的意思。这里的善应是指仁德、爱心、学问等一切好的、值得学习的方面。

"纵去远，以渐跻"就是说，即使在才学、品德方面和别人相比相差很远，也不要灰心丧气，要坚持不懈地努力，一步一步地赶上。正如《弟子规》最后一句结语所说：**"勿自暴，勿自弃，圣与贤，可驯致"**。荀子在**《劝学》**里也说：**"骐骥一跃，不能十步，驽马十驾，功在不舍。"**学习是一个长期的过程，俗话说**"一口吃不成个胖子"**，需要慢慢地追赶。只要每天进步一点点，必然滴水穿石、金石可镂，有所成就。我们来看一个三国时期，东吴的孙权劝大将吕蒙读书的小故事。这个故事在司马光的**《资治通鉴》**里有记载：

---

① 胡乃波译注：《论语》，华龄出版社 2017 年版，第 77 页。

初，权谓吕蒙曰："卿今当涂掌事，不可不学！"蒙辞以军中多务。权曰："孤岂欲卿治经为博士邪！但当涉猎，见往事耳，卿言多务，孰若孤。孤常读书，自以为大有所益。"蒙乃始就学。及鲁肃过寻阳，与蒙论议，大惊曰："卿今者才略，非复吴下阿蒙！"蒙曰："士别三日，即更刮目相待，大兄何见事之晚乎！"肃遂拜蒙母，结友而别。①

这段的意思是说：当初，孙权对吕蒙说："您现在担任要职，不可以不学习！"吕蒙以军中事务繁多为借口推辞了。孙权说："我难道要您研究经典成为博士吗？我只要您广泛阅读，见识从前的事情罢了。您说事务繁多，哪里比得上我呢？我常常读书，自己觉得有很大的收获。"于是吕蒙开始学习。后来，鲁肃经过寻阳，跟吕蒙一道议论军事，鲁肃非常惊讶地说："您现在的才干谋略，不再是当年吴地的阿蒙！"吕蒙说："读书人离别三日，就应该另眼相看了，老兄怎么现在才明白这个道理呀！"鲁肃于是拜见吕蒙的母亲，与吕蒙结为朋友才辞别。**"士别三日当刮目相待"**的成语就是从吕蒙读书这个故事中来的。用来比喻和劝谏人们要不断地学习、不断地进步。人要活到老，学到老。要向比自己更厉害更优秀的人学习。要孜孜以求上进，任何时候学习都不算晚。

原文：见人恶，即内省，有则改，无加警。

译文：看见别人的缺点或不良行为，要反省自己是不是也有这样的缺点或不良行为；如果有就改，如果没有就引以为戒。

"见人恶，即内省，有则改，无加警。"这一句承接前一句**"见人**

---

① ［宋］司马光编著，［元］胡三省音注，"标点资治通鉴小组"校点：《资治通鉴》，中华书局 1956 年版，第 2014 页。

善,即思齐,纵去远,以渐跻。”讲了“**见贤思齐**”以后,进一步讲“**改过从善**”。意思就是一个人道德品行、学问才干的增长,不仅要靠虚心外求,广泛学习,也要靠反思内省,即“三省吾身”。正如曾子所言:“**吾日三省吾身,为人谋而不忠乎?与朋友交而不信乎?传不习乎?**”①

人生百态,犹如一面面镜子,看到别人的缺点和不良行为,要反观自己有没有同样的缺点或犯同样的错误。如果在反省、对照中发现自己有过错,仁德方面、品行方面有瑕疵,那就要赶紧改正,唯恐来不及。如果发现自己没有什么需要反省、改正的方面,觉得自己做得挺好的,也不要沾沾自喜,而应该时时警惕,以免犯下愚蠢的错误。

也就是说一个人要做好自己的本分,提高自己的修为。要把他人犯的错误当作警醒自己的一面镜子,而不是把时间浪费在说三道四、指责别人上。后者等于把别人的过错装在自己身上,自己成了过错的“垃圾桶”而不是“净化器”,成了负能量的代表。“金无足赤,人无完人”,对于别人的过失,引以为戒、传播正能量才是硬道理,才能让自己越来越可爱。反之则会越来越面目可憎!

说到这里,说点题外话,我们会看到《弟子规》具有非常严密的辩证逻辑,暗含“中庸”智慧,并不是迂腐、过时的东西。经典无论什么时候都不会过时,只会常读常新。书籍始终不变,而真正变的是读书的人而已。经典的智慧始终在那里等待读书人去挖掘,是读出智慧还是读出教条,完全是读书人自己的事,怪不得书的好坏。常言道“书是死的,人是活的。”所以人迂腐,把书读成教条,那

① 胡乃波译注:《论语》,华龄出版社 2017 年版,第 3 页。

是自己愚蠢。

同样读兵法，毛泽东主席读出了智慧、读出了雄才大略，用兵如神。而号称阅尽天下兵书的赵括却把兵法读成教条，只会纸上谈兵！同样读《鬼谷子》，有人读到大格局、大智慧，也有人从中读出阴谋诡计，还有人读出“厚黑学”。同样读《西游记》，有人从中读出了“初心不改、矢志不渝”，有人读出了“诱惑丛生，人生艰难”……所以观书自在人心啊！

南宋朱熹《观书有感》说“**半亩方塘一鉴开，天光云影共徘徊。问渠那得清如许？为有源头活水来**。”这是读出了智慧和心性，达到了心有灵犀一点通的境界，把书读活了、读通了、读厚了。而有些人则反过来把书读死了，变成了“读死书，读书死，死读书”。所以，书无好坏，人有差别而已。

（五）自砺

原文：唯德学，唯才艺，不如人，当自砺。若衣服，若饮食，不如人，勿生戚。

译文：只有品德学识才能技艺不如别人，应当自我激励，自我磨砺，自我提高。如果是吃穿不如他人，不要攀比忧愁。

这里，我们把“**当自砺**”和“**勿生戚**”并在一起讲。《中庸》上说：“好学近乎智，力行近乎仁，知耻近乎勇。”①一个人只有力行、好学、知耻才能达到智慧、仁德的境界。当今社会，许多人物欲膨胀，追求奢靡繁华，却把道德品行“弃之如敝履”。年轻人为外物所蒙蔽，迷失自我者有之，丧尽天良者有之。

---

① 王国轩译注：《大学·中庸》，中华书局2016年版，第106页。

一个真正的君子，应该在品德、才学上不如人时，感到诚惶诚恐，而不是在衣服、首饰、饮食上与人攀比。孔子说：**“士志于道，而耻恶衣恶食者，未足与议也。”**①就是说真正的君子应该追求仁德、才学，如果一个君子以衣服不华美、饮食不精美为耻，这样的人不值一提，根本不是真君子。老子早就在《道德经》里讲过：**“五色令人目盲，五音令人耳聋，五味令人口爽，驰骋畋猎，令人心发狂，难得之货，令人行妨。”**②意思是说缤纷的色彩，使人眼花缭乱；嘈杂的音调，使人听觉失灵；丰盛的食物，使人舌不知味；纵情狩猎，使人心情放荡发狂；稀有的物品，使人行为不轨。因此，圣人摒弃物欲的诱惑而保持安定知足的生活方式。老子还说**“罪莫大于可欲，咎莫大于欲得，祸莫大于不知足”**③，意思是说没有什么罪恶比欲望更大，没有什么过错比贪得无厌更大，没有什么祸患比不知足更大。所以人应当怀素抱朴、清心寡欲，知道自己欲望的底线，不可让无休止的欲望让自己陷入疯狂。所谓“知足之足，常足矣”④，降低并守住自己的欲望底线，你就能一直保持心满意足的状态。无底的欲望使人丧失自我，不要被物质、利益的欲望所吞噬，要知足常乐。

所谓“知足常乐”乃物质生活的知足，在道德品行的修为上，在才学的追求上则应该学无止境，永不停止追随的步伐，要怀着一种**“路漫漫其修远兮，吾将上下而求索”**的不懈探索的精神，沉浸在精神的殿堂里，做一个**“高尚的人，一个纯粹的人，一个脱离低级趣味的人”**。

---

① 胡乃波译注：《论语》，华龄出版社 2017 年版，第 37 页。

②③④ 饶尚宽译注：《老子》，中华书局 2006 年版，第 29、113、113 页。

诸葛亮《诫子书》说：**“夫君子之行，静以修身，俭以养德。非澹泊无以明志，非宁静无以致远。夫学须静也，才须学也，非学无以广才，非志无以成学。淫慢则不能励精，险躁则不能治性。年与时驰，意与日去，遂成枯落，多不接世，悲守穷庐，将复何及！”**

这段话翻译成白话文就是：君子的行为操守，用宁静来提高自身的修养，以节俭来培养自己的品德。不恬静寡欲无法明确志向，不排除外来干扰无法达到远大目标。学习必须静心专一，而才干来自学习。所以不学习就无法增长才干，没有志向就无法使学习有所成就。放纵懒散就无法振奋精神，急躁冒险就不能陶冶性情。年华随时光而飞驰，意志随岁月而流逝，最终枯败零落，不为社会所用，只能悲哀地坐守着那穷困的居舍，其时悔恨又怎么来得及？

这就是一种唯恐子孙品德堕落的谆谆教诲！

一个人若以追求物质享受为目标，就会被物质所牵绊。《论语》中孔子盛赞颜回说：**“贤哉！回也。一箪食，一瓢饮，在陋巷，人不堪其忧，回也不改其乐。贤哉！回也。”**①就是盛赞颜回精神的富足。这句话的意思是说：颜回的品质是多么高尚啊，一碗饭，一瓢水，住简陋的小屋，别人都无法忍受这种穷困，而颜回却能乐在其中，颜回的品质是多么高尚啊！只有追求精神的富足才能让人免于被物欲所困啊。所谓**“人为财死，鸟为食亡”**这是过分夸大了欲望对人的控制，并且让人甘于被欲望所控制，这是一种扭曲的价值观。倘若一味追求物质享受，沉溺在欲望当中，只会让自己更加痛苦。**过于追求享乐的人恰恰得不到幸福**，过于迷恋物质和感官享受，得到的越多反而越空虚。欲壑难填，欲望无限地膨胀下去之

---

① 胡乃波译注：《论语》，华龄出版社 2017 年版，第 61 页。

后难以回头，人只会被反噬。正所谓“由俭入奢易，由奢入俭难”，就是这个道理。

《论语》中孔子说“**吾未见有好德如好色者也**”①，意思是说：我从来没有见过有像好色那样好德的人。这一方面说，道德品行的养成是不易的，另一方面也说明欲望对人的吸引力远远比美德对人的吸引力大，所以德行需要培养，需要付诸行动，持之以恒。《论语》又说“**知之者不如好之者，好之者不如乐之者**”②，以学习为乐，以砥砺品德、才学为乐的人是圣贤。让我们做一个好德、好学、乐学的人，也教育我们的孩子成为这样的人。

原文：无心非，名为错，有心非，名为恶。

译文：无心犯的错，叫过错；有心犯错，叫罪恶。

人非圣贤，孰能无过，即使像孔子这样的圣贤也免不了会犯错误。圣人之所以是圣人不是因为他们不会犯错，而是因为他们总是防微杜渐，遵循礼节和规范，尽量不让自己犯错，即使犯了错误也知道内省改正。他们还能够虚怀若谷，不断地学习，不断地提升自我。

无心之过是为错，故意犯错就是罪了。比如孩子不小心把盘盏打碎了，这是过失。因为不是故意的，不应该批评指责，而是提醒孩子以后小心。但是如果孩子故意搞破坏，故意把盘盏打碎，那就应该受到严厉的批评和处罚。无心还是有心不仅从道德上有个界限，连法律上也有个界限。法律上把“无心还是有心”称为动机，如过失伤人等，是无心之过，所以法律上会考虑减轻处罚，但是故

---

①② 胡乃波译注：《论语》，华龄出版社 2017 年版，第 102、64 页。

意伤人则要受到重判重罚。

怎样才能避免孩子“有心非”，故意犯错，成为罪人呢？最根本的当然就是品德、行为的养成教育，教育孩子从小好德、循德、明辨是非。如果孩子犯了错，应该根据情况给予相应的批评教育或者惩罚，让孩子对自己的过错承担责任，切不可包庇孩子，替孩子文过饰非。网络上曾报道过一个例子，说某小区一住户有一个8岁的孩子，把快递员放在门卫室等待送给客户的价值2 800多元的包裹顺手拿走了。失主后来通过监控了解实情，找到家长，要求赔偿。家长不但不予赔偿，还包庇孩子，说“孩子年仅8岁知道什么！”①我们不禁纳闷：难道孩子已经8岁了，做父母的竟然没有教过孩子“**别人的东西，未经允许不能乱拿**”的行为品质吗？孩子8岁了，竟然不知道“**用人物，须明求，倘不问，即为偷**”的道理吗？拾到东西还要交公呢，何况人家是放在门卫室而不是丢失的东西！可见，父母不但家庭教育失位，还给孩子树立了极坏的榜样！包庇孩子的过失或过错，不但不是爱孩子，反而是害了孩子，进一步强化了孩子的不良行为，导致孩子错上加错，将来无论是孩子还是父母都要自食其果的。

原文：过能改，归于无，倘掩饰，增一辜。

译文：知错能改，错误就会消失；如果掩饰过错，就是错上加错。

“过而能改，善莫大焉。”俗话说“**浪子回头金不换**”，只要真诚地认识到自己所犯下的错误、罪过，并真诚地悔改，能从此弃恶从

---

① 网易新闻：《8岁女童拿走快递 父母拒绝全额赔偿：孩子知道什么》https://www.163.com/news/article/DT00TNMO0001875P.html。

善，那么上天都会宽恕你以前所犯下的罪行，给你一次重新做人的机会。相反，倘若对自己犯下的过错或罪行，不但不知悔改，还百般掩饰，那不但旧错未改，还增加了一错，让自己更进一步滑入恶的深渊。

人往往被自己死要面子的人性弱点所害。明知自己错了，但是为了那点尊严、那点所谓的面子，也要为自己狡辩，和别人争得面红耳赤，非得给自己加一条"文过饰非"的过错心里才踏实。其实没有一个人会嘲笑真诚改正错误的人。相反，那些替自己的过错狡辩的人，才令人感到可笑、可怜！

我们必须承认，一个人要敢于承认自己的过错，改正自己的过错是需要勇气的。这份勇气就来自你内心的修为。一个有名望的人要承认自己的错误并改正需要更大的勇气和毅力，但是只要迈出了第一步，修为就更上一层楼了。《菜根谭》里说**"弥天罪过，都当不得一个悔字"**①。承认并悔改自己的错误，一切都来得及。这里我们可以举一个周处的例子。

南朝宋刘义庆的**《世说新语·自新》**②记载周处的故事：

周处年少时，凶强侠气，为乡里所患。又义兴水中有蛟，山中有白额虎，并皆暴犯百姓，义兴人谓为三横，而处尤剧。或说处杀虎斩蛟，实冀三横唯余其一。处即刺杀虎，又入水击蛟。蛟或浮或没，行数十里，处与之俱。经三天三夜，乡里皆谓已死，更相庆。竟杀蛟而出，闻里人相庆，始知为人情所患，有自改意。乃入吴寻二陆。平原不在，正见清河，俱以情告，并云欲自修改而年已蹉跎，终

① [明]洪应明著，孙林译注：《菜根谭》，中华书局2022年版，第136页。

② [南朝]刘义庆著，沈海波等译：《世说新语》，中华书局2022年版，第622页。

无所成。清河曰:“古人贵朝闻夕死,况君前途尚可。且人患志之不立,何忧令名不彰邪?”处遂改励,终为忠臣。

故事的大概意思是说:周处年轻时,为人凶暴强悍,任性使气,被同乡人认为是一大祸害。另外,义兴的河中有条蛟龙,山上有只白额虎,两者一起侵害百姓。义兴的百姓称他们是三大祸害,而这三害当中周处最为厉害。有人劝说周处去杀死猛虎和蛟龙,实际上是希望三个祸害相互拼杀后只剩下一个。周处就去杀死了老虎,又下河斩杀蛟龙。蛟龙在水里有时浮起有时沉没,周处与蛟龙一起漂游了几十里远。经过了三天三夜,同乡人都认为周处已经死了,大家在一起相互庆贺。周处最终杀死了蛟龙从水中出来了。他听说乡里人以为自己已死而互相庆祝,才知道自己也被世人当作了一大祸害,因此就有了自我改悔的想法。于是就进入吴郡去找寻陆机和陆云。当时陆机不在家,只见到了陆云,周处就把义兴人恨他的情况全部告诉了陆云,并且说自己想要改正错误,提高修养,可是怕自己年纪已经太大,最终也不会有什么成就。陆云说:“古人认为‘哪怕是早晨明白了道理,就是晚上就死去也甘心’的精神最为珍贵,况且你的前途还是有希望的。而且人就怕立不下志向,如果有了志向又何必担忧美好的名声不能传扬呢?”周处听后改过自新,终于成为一位历史上有名的忠臣。

周处的故事告诉我们,无论犯下多大的错误,无论多么令人憎恨,只要有朝一日悔改,都能得到原谅。怕就怕不知悔改,不愿悔改,没有决心悔改!父母一定要记住这一点,做好自己,同时教导孩子:**改过从善,如亡羊补牢,为时未晚!**

六、泛爱众

“**泛爱众**”这部分,共有60句,180个字。主要讲如何爱人和如何行善。“泛爱众”是从“孝悌”“谨信”里进一步推演出来的。所谓“泛爱众”就是推己及人,从爱自己,爱父母、兄弟姐妹,到爱身边的人,乃至爱天下众人,这是一种众生平等的情怀。所以“泛爱”就是博爱的意思。但“博爱”不是爱的泛滥,是有原则的爱。

原文:凡是人,皆须爱,天同覆,地同载。

译文:凡是人类,皆须相亲相爱;因为同顶一片天,同住地球上。

“**凡是人,皆须爱,天同覆,地同载**。”此四句可以说是“泛爱众”部分的点题。一开始就提出了为什么要“泛爱众”呢?因为“**凡是人,皆须爱,天同覆,地同载**”。大家都是人,无论生活在天南海北,无论是否相识,我们是同类,我们共同生活在地球上,头顶同一片蓝天,我们都是一个“地球村”的人,不应因种族、性别、肤色差别而区别对待。

真正的大爱是爱他人,爱身边的人。如果一个人只为自己活着,把自己活成精致利己主义者,那身边的人也会离你而去。如果你的内心只有自己,奉行所谓“**人不为己天诛地灭**”的理论,那么你会是一个自私自利、冷漠无情的人。俗话说“狐死首丘”,狐狸将死时会头朝狐穴所在的山丘,比喻人不忘本或不忘家乡故土;《增广贤文》[①]里说:“**鸦有反哺之义,羊有跪乳之恩,马无欺母之心**”。老

① 李冲锋译注:《增广贤文》,中华书局2021年版,第125页。

乌鸦不能自己去找食物的时候，小鸦会把自己吃进去的东西，吐出来给老乌鸦吃。乌鸦尚且有反哺父母之义，何况人呢！

个人应当“泛爱众”，当权者就更应该“泛爱众”了。当权者当心系百姓，心忧天下。我国古代不乏“泛爱众”的典范。孟子说“**独乐乐不如众乐乐**”(**《孟子·梁惠王下》**)，提出与民同乐的思想；宋范仲淹在**《醉翁亭记》**里说：“**先天下之忧而忧，后天下之乐而乐**”，其意思就是为官者应把国家、民族的利益摆在首位，为祖国的前途、命运分愁担忧，为天底下的人民幸福出力。

作为父母、长辈，应当教导儿孙从爱父母、爱长辈、爱兄长开始，爱身边的人、爱他人。从爱中培养孩子的助人之心、爱心、责任心。从关心家庭，进而到关心他人、关心社会、关心国家。在爱中培养孩子悲天悯人的情怀，培养孩子的家庭责任感和社会责任感。能做到博爱的人，才是一个真正的人、有价值的人，值得尊敬的人。反之，若只为自己活着，人之为人的生命意义就荡然无存了；若只为自己活着，活得再富足，内心也是空虚的；若只为自己活着，活得再光鲜，也是卑微的！

原文：行高者，名自高，人所重，非貌高。

译文：德行高尚者，名声自然崇高；人们内心真正敬重的是德行，而不是那些浮华的权势、地位和外表的俊美。

“**行高者，名自高，人所重，非貌高**。”这四句话是“泛爱众”的进一步具体化。就是说，我们应该敬重那些有仁德的人，**不可以貌取人**，应重视内在修养，而不是外貌。俗话说“人不可貌相”，那些品德高尚，行为举止优雅，有大爱而又力行仁德的人，他们的名望自然会很高，自然会得到人们的尊敬和爱戴，而无关外貌。为什么？

因为人们所看重的，绝不是一个人的外表多么好看。一个人哪怕美若西施，也终究会有人老珠黄的一天。青春易逝，人老色衰，外表的俊美如昙花一现，唯有德行可以彪炳千古。

谦谦君子，具有温良恭俭让的美德。有此美德的人无论走到哪里，都受人尊重。反之，一个人面容姣好，但品性乖戾、傲慢无礼、脾气暴躁，也只会令人望而生厌，谁还会去亲近他呢？所以，我们要教导孩子们注重德性、品行和良好行为习惯的养成，而不要把过多精力放在穿着打扮、粉饰外表上面。

现代社会是个"看脸"的年代。很多年轻人，特别是年轻女子，就为了追求一张俊美的脸庞，无视父母感受，无视"**身体发肤受之父母，不敢毁伤**"①的古训，拿自己的身体动刀。他们从小养尊处优，吃不来苦头，唯独在追求外表美上"**吃得苦中苦**"，通过整容把自己搞得面目全非，结果却人财两空——俊美的外表没有，钱财也耗光了。那些先天有身体瑕疵或肢体残缺的人，通过医疗手术的手段让自己变得更好一些是可以理解的，可是有些人明明什么毛病也没有，却非要整一个"明星脸"，这就不可理解了。而且，如果一个人过于追求外在的东西，就无暇顾及内在的修养、无暇去追求真才实学，最终必然得不偿失！"腹有诗书气自华"，一个人的内涵和修养往往可以弥补外在的瑕疵。一个品行高洁的人，即使外表不俊美，也一定是个可爱的、受人尊敬的人。反之，空有外表的俊美，而无内在涵养，久之，也必"面目狰狞"！

原文：才大者，望自大，人所服，非言大。

---

① 张景、张松辉译注：《孝经·忠经》，中华书局 2022 年版，第 256 页。

译文：有大德大才的人，威望自然高大；人们内心真正折服的是有德才的人，而不是那些夸夸其谈，自诩有才干的人。

前文"行高者，人自高"讲的是品行，那么"**才大者，望自大，人所服，非言大**"这四句承接前四句，谈与品行相对的另一个方面——才学，即才能和学问。真正有才干和学问的人，他的威望自然会很大，人们折服他，并不是因为他很会说大话——一个人的才能不是夸夸其谈、自吹自擂出来的。真正有才学的人不需要刻意去抬高自己，也不需要刻意去宣传自己，更不需要刻意去粉饰自己。"**滥竽充数**"的寓言故事告诉我们，倘若没有真才实学，靠故弄玄虚的手段，总有一天是要露馅的。俗话说"**口碑就是最好的广告**"，诸葛亮隐居卧龙岗，但仍然掩蔽不了他的光芒，引刘备三顾茅庐，请其出山，辅佐汉室。一个人只要品德高尚，有真才实学，就不怕没有"伯乐"来发现。因此一个人除了修炼品性、心怀仁德，还应该把时间和精力用于不断提升自己的才学，以便用自己的聪明才智，为社会、为国家做贡献。

但是，一个人要磨砺自己的品行、才学，就要坐得了冷板凳、耐得住寂寞。要能够内心沉静，做到淡泊明志，宁静致远。只有心如止水、潜心修炼，才能有朝一日一鸣惊人。俗话说"**十年寒窗无人问，一举成名天下知**"，磨砺品行、增长才干和学问要能沉下心来，不可浮躁。

可是，当今社会恰恰是一个浮躁的社会，处处都是诱惑、处处都是机会，处处都是一夜成名的"典范"。特别是"网红"现象：媒体、平台的歪曲导向，普通民众的追捧，让"网红"成了很多人的职业理想。许多年轻人，甚至未成年人在网络上学习忸怩作态、学习投机取巧、学习怎样无底线地博人眼球。网络上甚至还有“网红高级研修班”之类的课程,教你怎样成为网红,怎样轻松地挣钱,怎样“躺在床上都能挣钱”。而我们的社会真正需要的,是愿意踏踏实实地磨炼自己的真才实学的人,是信奉艰苦创业的精神的人。

在这样浮躁的社会里,怎样教育年轻一代?作为父母、长辈,如果我们自己都耐不住寂寞,守不住底线,又如何教育儿孙?只有品行与才学才是恒久的,靠小手段博人眼球终究是靠不住的。不要被虚假和浮华的表象所迷惑,不要相信随随便便就能成功!而应该多读书,多修炼品德,多研究学问,升华自己内在,以抵御外界的诱惑。

原文:己有能,勿自私,人所能,勿轻訾。

译文:自己有能力,不要自私自利;他人有能力,不要嫉妒。

一个人能力越大,责任越大。所以自己有品德才学,不要藏私,应该为大众、百姓谋福利,应该回报社会,回报国家。**“己有能,勿自私”**是儒家的入世思想。**《论语·子张》**:“子夏曰:‘仕而优则学,**学而优则仕**。’”[①]就是说一个人如果行有余力、学有余力,有品德、才学应该展现出来,出来做官,广播仁德于天下,实现自己的抱负——古人都是通过做官来实现自身抱负的。孔子说**“饱食终日,无所用心,难矣哉!”**[②]意思就是,如果吃饱了什么也不干、什么也不想是很难的(总要做点什么)。孔子还说:**“士而怀居,不足以为士矣。”**[③]君子留连于优越的环境、优越的生活,不思进取就不是真

①②③ 胡乃波译注:《论语》,华龄出版社 2017 年版,第 211、200、155 页。

君子。真正的君子应该是:**“士不可以不弘毅,任重而道远。仁以为己任,不亦重乎? 死而后已,不亦远乎?”**①意思是说士人应该要弘大刚毅,因为他肩负重大任务,要实现这一重大任务道路遥远。士人要把实现仁德作为自己的任务,所以说任务重大,士人为了追求仁德至死方休,所以说道路遥远。

“人所能,勿轻訾。”看到别人的能力、才干,不要嫉妒、批评、诽谤,应该**见贤思齐**,向他学习,亲近这样有仁德和才干的人。很多人,见到别人比自己能干,不是想办法提升自己,追赶上去,而是心怀“酸葡萄”心理,嫉妒和诋毁他人,这样的人是很愚蠢而无知的。在我们的生活中,有没有这样的人呢? 其实蛮多的。我们会发现这样的现象:同事经过自己的努力获得了成功,有人真心诚意地表示祝贺,有人却暗地里嗤之以鼻,散布流言蜚语,这就是嫉妒心理在作怪。很多人见不得别人的成功,见不得别人比自己能干,见不得别人光鲜亮丽,总是要寻找他人的不是,这样心里才能够平衡。他们总是有一种心理,认为别人的成功都是侥幸,或者有人扶持,没什么了不起的,就是看不到他人付出的汗水,就是放不下架子学习别人拼搏进取的精神。这种**“人所能,则轻訾”**的不良品性是应该改变的。孔子说:**“夫仁者,己欲立而立人,己欲达而达人。能近取譬,可谓仁之方也已。”**②仁者总是能够站在对方的立场上,替他人着想。如果“己有能”,不希望别人**“轻訾”**,那么同样的道理,“人所能”,我也**“勿轻訾”**。成人应当教导孩子做一个诚实的人、谦虚的人、积极向上的人、内心健康的人。

---

①② 胡乃波译注:《论语》,华龄出版社 2017 年版,第 87、69 页。

原文：勿谄富，勿骄贫，勿厌故，勿喜新。

译文：不要献媚巴结富人，也不要在穷人面前骄横自大；不要喜新厌旧。

以上“四勿”恰恰是人最容易犯的毛病：谄富、骄贫、喜新、厌旧。

首先是“**勿谄富**”。《孟子·滕文公下》：“**富贵不能淫，贫贱不能移，威武不能屈，此之谓大丈夫**。”[①]。这是孟子提出的成为男子汉大丈夫的三大标准。其中第一大标准就是“**富贵不能淫**”。《论语·述而》里孔子说：“**富而可求也；虽执鞭之士，吾亦为之。如不可求，从吾所好**。”[②]意思是说：如果富贵合乎于道，就可以去追求，即使是给人执鞭赶车的下等差事，我也愿意去做。如果富贵不合于道，就不必去追求，还是按我的爱好去干事。孔子还说：“**不义而富且贵于我如浮云**”[③]，意思就是通过那些不合乎道的手段去获得的富贵，比如通过巴结、献媚、拍马屁等手段获得的富贵，那对我来说一点意思都没有。

我们不谄富，也不应当“仇富”。如果看到有钱人就恶心，就自觉脑补他干了多少见不得人的勾当，发了多少不义之财，这也不可取。

其次是“**勿骄贫**”。其实谄富和骄贫往往是一对双胞胎。谄富者必骄贫，骄贫者必谄富。所谓“骄贫”就是在穷人面前，在地位比自己低下的人面前骄横跋扈、傲慢无礼，看不起穷苦百姓，看不起普通人。这样的人在富人、高官面前又很可能会点头哈腰，有说不

---

① 方勇译注：《孟子》，中华书局 2015 年版，第 109 页。

②③ 胡乃波译注：《论语》，华龄出版社 2017 年版，第 74、75 页。

完的奉承话，即“谄富”。“勿谄富，勿骄贫”并不容易，当你自己生活富足的时候，你或许可以做到“**勿谄富**”，可是一贫如洗的时候呢？同样，当你一贫如洗的时候，你或许可以“**勿骄贫**”，可是当自己升官发财，一夜暴富的时候呢？生活中很多人就是这样的人：**富则骄贫，贫则谄富**。

最后，“**勿喜新**”和“**勿厌故**”。“勿厌故”我们是可以理解的，比如那些曾经在我们的生命里出现过，并且对我们的成长产生过影响的人，我们当然不应该忘记，否则就是忘恩负义。再比如中华优秀传统文化是我们国家的宝贵文化遗产，也是“故”，但不能厌弃，还要好好地保护和传承下去。但是“**勿喜新**”似乎就不容易理解了。因为“喜新”是人之本性，也是人类发展、创造的源动力。如果什么都因循守旧，不创新、不求新，那么这个社会如何发展？国家如何发展？人类自身又如何发展呢？所以，我们得正确理解“**勿喜新**”的内涵。

“**勿喜新**”绝对不是教导后人顽固不化、不思进取，更不是教导后人摒弃新事物、排挤新思想。我们要看到，我们现在讲的这个部分内容是在“泛爱众”篇目之下的。而这个篇目主要讲的是“与人交”的道理和学问。所以“**勿喜新**”的“新”主要指的是新人、新朋友，正如一首歌所唱的：“结识新朋友，勿忘老朋友”。

所以，“**勿厌故**”和“**勿喜新**”应该结合起来理解。**首先不能大而化之地理解成因循守旧的意思**。**其次，应该从节约资源的角度去理解它们**，不要随意丢弃旧物什，一味追求新物什，要学会变废为宝。因为过于追求外来的新奇事物，也会扰乱人的心性。**再次，结合《弟子规》“泛爱众”上下文的情境来正确理解**。要从与人相交、与人相处角度理解它包含的三层意思：**第一层意思就是不要厌**

弃"故人"。老朋友、老伴儿、老同学、老师等都是"故人";**第二层意思就是不要"因喜新而厌故"**。我们结交新朋友、认识新同学是没有问题的,但是因为结交新知而"厌故"是不可取的。**第三层意思就是某些情况下,"喜新"不但是可取的,而且还应该大力提倡,前提是"不厌故"**。比如一对新人结为夫妇,这是"喜新",家中父母老小、兄弟姐妹这是"故"。也就是说"**勿厌故,勿喜新**"强调的是"**勿厌故**",反对的是"**喜新而厌故**",而不是反对"喜新",否则是不是一对新人结为连理这种"新"也要反对了呢?当然不是的。

原文:人不闲,勿事搅,人不安,勿话扰。

译文:别人正在忙碌,不要去打扰;别人心情不好或身体欠安时,不要用闲言闲语去打扰。

"**人不闲,勿事搅,人不安,勿话扰**"四句讲的是为人要懂得设身处地地替他人着想,不要只为一己之私,不顾他人境遇。

"**人不闲,勿事搅**"说得非常清楚,即使有事相扰于他人,如果不是情非得已、十万火急、人命关天的大事,在打扰之前要先看别人在干什么?是否非常忙碌?打扰之前先问人家"是否有空"?这是基本的礼节。如果别人正在做一件事情,要对自己的打扰表示歉意,征得同意后再说自己的事情。如果见别人在忙,而且别人的事情非常紧急,正忙得焦头烂额,非一时半会儿能结束,那么我们要知趣地退出,或者在一旁等待时机。我们常说,人要学会察言观色。就是要学会看别人的脸色和言语,见机行事。然而真正察言观色不是观看,不是如动物园观猴子一样地观看,而应该是体察,应该是能站在对方的立场上设身处地地为对方考虑。通过体察他人的言行举止来调整自己的行为。

“人不安，勿话扰”也说得非常清楚，他人心情不爽或身体有恙时，不要用闲言碎语去扰乱别人心神。“安”字有三个意思，**一是“心里不安”的“安”**。就是内心烦躁、焦躁、忐忑不安，心情低落等情绪表现；**二是“身体欠安”的“安”**。就是指身体不太好，生病或者劳累等。**三是身心不安的意思**。就是身体和心理都不好。通常身体不好会影响人的情绪状态，而人的情绪状态也会影响人的身体健康。在这种情况下，我们要少说话，少打扰人家的清净。比如，一个人家里母亲过世，他肯定心情非常地低落。作为朋友最好的做法就是陪伴左右，“此时无声胜有声”，让对方好好地静一静，不要拿话打扰，说这说那，问这问那的。再如，一个人如果刚刚经历过一场挫折，这个时候身心疲惫，急需休息，你就不要刨根问底，非要给人上“心灵鸡汤”，不合适！

原文：人有短，切莫揭，人有私，切莫说。

译文：别人的短处，切记不要去揭短；别人的隐私，切记不要去宣扬。

人非圣贤，每个人都有自己的优点和缺点，每个人都有自己的隐私，每个人都有自己不愿去触碰的点。**“人有短，切莫揭”**的“短”指的是不要去揭人家的伤疤，不要去戳人家的痛点，不要哪壶不开提哪壶！比如有些人个子矮，有些人身体有残疾，有些人经历过不愿言说的伤痛，你非要去提人家的短处，揭人家的伤疤，这在很大程度上是不道德的行为。再有，有些人年少轻狂时，做过一些蠢事，不愿提及，你非要在众人面前提，让人家出丑。那么你如果不是有意为之，就是愚蠢。因此**“人有短，切莫揭”**就是说要学会保护他人的隐私，尊重他人。这里需要注意的两点是：对德高望重的人、有权有势的人要注意勿揭短，对普通人、地位比自己低的人也要注意勿揭短。“不谄富，不骄贫”也是这个道理。

“**人有私，切莫说**”这两句和前两句“**人有短，切莫揭**”的意思是一样的。一个说的是莫说他人隐私，一个说的莫揭他人短处。别人不愿提及的短处，通常也是隐私。莫说私、勿揭短是一个人品德高尚的表现。对于孩子而言，保护他的隐私，不揭孩子的短处，就是在保护孩子的成长环境，特别是成长的心理环境。儿童的自尊心，特别是处于青春发育期的青少年的自尊心是非常强烈的。我们要懂得保护他们的自尊心，也要教导孩子懂得保护他人的自尊心。

当然，必须澄清的是，保护隐私不等于毫无原则地护短，更不等于帮人文过饰非。那些伤风败俗、性质恶劣的行为是不值得保护的。那到底什么“私”，什么“短”是不能说、不能揭的呢？这里必须说清楚。这里的“私”和“短”是指那些无伤仁德的个人行为或个人特质，比如身体的残疾，小时候的不幸遭遇，一件不想让人知道的尴尬事件（比如公众场合尿裤子了）……而对于那些恶劣品性、恶劣行为则应该坚决抵制和揭露。但即使如此，也应讲究“**惩前毖后，治病救人**”的原则。也就是说抵制和揭露的目的是为了治病救人，如果不用揭露、不用惩罚就能达到“治病救人”的目的，那么揭“私”言“短”就不是必须的选择。孔子就讲过一个“父为子隐，子为父隐”的故事：说父亲偷了别人的羊，做儿子的应该怎么办？是马上去报官吗？孔子说要“子为父隐”。有人可能会说，孔子怎能因为他们是父子关系，就可以容忍相互包庇呢？实际上孔子并非这个意思，他的意思正如《弟子规》所言：“**亲有过，谏使更**”“**谏不入，复悦谏**”，父亲有过，做儿子的首先应该为父亲感到难过，并千方百计地劝谏父亲改过从善。**“过而能改，善莫大焉”**，这才是儒家仁德所提倡的行为。如果直接报官，不但毁人一生，还有可能僵化父子关系，完全违背“治病救人”的初衷。所以一个看似小小的举动中，竟然蕴含这么大的人生智慧。

原文：道人善，即是善，人知之，愈思勉。

译文：赞美他人的善行就是行善；别人听到你的称赞，就会更加勉励行善。

扬善即行善。这里的“善”不是狭隘的善良，而是世间仁德、一切好的东西，甚至老子言“上善若水”的“善”，即指最高的“道”。

“道人善”用现在的话来讲，就是传播正能量。**“道人善，即是善”**的道理，佛家**《金刚经》**也是这么讲的。《金刚经》第八品**《依法出生分》**[①]说：“‘须菩提！于意云何？若人满三千大千世界七宝以用布施，是人所得福德，宁为多不？’须菩提言：‘甚多，世尊！何以故？是福德即非福德性，是故如来说福德多。’‘**若复有人，于此经中受持，乃至四句偈等，为他人说，其福胜彼**。……’”；第十一品**《无为福胜分》**[②]又说：“‘须菩提！如恒河中所有沙数，如是沙等恒河，于意云何？是诸恒河沙，宁为多不？’须菩提言：‘甚多，世尊！但诸恒河尚多无数，何况其沙。’‘须菩提！我今实言告汝：若有善男子、善女人，以七宝满尔所恒河沙数三千大千世界，以用布施，得福多不？’须菩提言：‘甚多，世尊！’佛告须菩提：‘**若善男子、善女人，于此经中，乃至受持四句偈等，为他人说，而此福德胜前福**

---

①② 陈秋平、尚荣译注：《金刚经·心经·坛经》，中华书局 2016 年版，第 40、53 页。

德。'”大意就是说,如果世间善男信女能够持**四句偈**向世人言说、布道,弘扬佛法美德,那么其功德胜于用“**满三千大千世界七宝以用布施**”,胜于“**以七宝满尔所恒河沙数三千大千世界,以用布施**”。可见“**扬人善,即是善**”的道理。当今社会,我们大力提倡“**传播正能量**”说的也是这个道理,因为“**正能量**”就是“**善**”。

为什么我们要“传播正能量”呢?因为“**人知之,愈思勉**”。弘扬善行,人们就会向善靠近,向仁德靠近,那些受到赞扬的人也会更加勉励自己,使自己“**德日进,过日少**”。所以,“道人善”可以使人不断地完善自己,推而广之,可以使社会风清气正、民风淳朴、天下和美!

原文:扬人恶,即是恶,疾之甚,祸且作。

译文:宣扬他人的恶行,就是在做恶事;对别人过分指责批评,会给自己招来灾祸。

“**扬人恶,即是恶,疾之甚,祸且作**”这四句承接前四句,在说完“**道人善,即是善**”之后,提出其对立的做法“**扬人恶,即是恶**”,体现了《弟子规》严密的逻辑和成熟的辩证法思想,更是中庸之道的体现。与传播正能量相反,传播负能量本身就是恶行,这与散布和传播谣言是一样的道理。生活中总是不乏这么些人,他们内心缺乏正能量,任何一件事情都往消极的方面想,往消极的方面解读和传播。任何一个人在他们眼里,都只能看到缺点、短处,这个世界在他的面前也是处处皆丑恶。这样的人,不仅把自己活成了负能量的垃圾桶,把自己包裹在负能量之中,同时也把负能量带给身边的人。负能量和负能量传播者给他人、社会乃至国家带来极坏的负面影响。这样的人肯定最后就只能“**疾之甚,祸且作**”。不仅自己被负能量吞噬,还可能给身边的人招来灾祸。

一个健康的、积极向上的人,应该远离传播负能量的人,亲近传播正能量的人。俗话说:**“好事不出门,坏事传千里”**,人类的潜意识就存在“扬人恶”的弱点,不修炼自己的道德品行,如何能抑止这种冲动呢?所以要加强自我修养,养成传播正能量的好习惯,遏制传播负能量的冲动,学会正向的、积极的思考习惯,这样我们才会越来越自信、乐观。俗话说:你怎么看待这个世界,这个世界就怎么看待你。你浑身的负能量,这个世界的所有负能量就好像全部都涌向你,让你诸事不顺;你浑身的正能量,一身正气,这个世界的一切正能量就好像都朝你而来,负能量都远离了你,让你诸事顺利!为什么?因为善、恶就像能量磁场。你善,你扬善,善就会被你吸引,那些崇尚善,崇尚仁德的君子自然也会靠近你;你恶,你扬恶,恶就会被你吸引,那些崇尚恶,崇尚诡诈的小人自然就会靠近你。所以我们应该让自己成为一个有善心,积极向上的人,要教导孩子多“道人善”,勿“扬人恶”,多看到他人积极的一面,看到别人的优点和长处,多向他人学习好的方面,**“择其善者而从之,其不善者而改之”**。另外,对待自己也一样,要正视自己的缺点和短处,但是也要善于发现自己的优点和长处,**“勿自暴、勿自弃”**,相信**“圣与贤,可驯致”**。

原文:善相劝,德皆建,过不规,道两亏。

译文:互相劝善,德才共修;有错不能互相规劝,两个人的品德都会受损。

“善相劝,德皆建,过不规,道两亏。”讲的是与他人相交,特别是与朋友、亲人相处,要互相学习、相互勉励,切不可“你好我好大家好”。要以坦荡的胸襟“**善相劝**”,这样双方才能“**德皆建**”,共同进步,共同亲近仁德。有人可能会说,总是劝人向善、指出人家过错,会不会讨人厌呢? 真正的君子是不会因为别人劝自己向善、劝自己改过而怀恨在心的,正所谓“**君子坦荡荡,小人长戚戚**”。《弟子规》里说,君子“**闻誉恐,闻过欣,直谅士,渐相亲**”,真正的君子不但不会因为你的劝善、谏过而怀恨在心,而且还会非常欣喜地感谢你,跟你靠近,跟你交朋友。只有小人才会“**闻过怒,闻誉乐**”,喜欢别人夸赞,喜欢听甜言蜜语、谄媚的谎话,喜欢狼狈为奸。如果一个人“**闻过怒,闻誉乐**”,只会招致“**损友来,益友却**”,与这样的人相交是没有好处的。

两人相交,互相勉励、力行仁德,那么双方的德性品性都会提高。如果有过而不互相规劝,那么两个人的德行都将受损。古人非常重视“取友”,这里有一个“**割席断交**”的故事值得我们借鉴。这个故事来自《**世说新语·德行**》[①],讲的是管宁和华歆的故事。

管宁、华歆共园中锄菜,见地有片金,管挥锄与瓦石不异,华捉而掷去之。又尝同席读书,有乘轩冕过门者,宁读如故,歆废书出看。宁割席分坐,曰:“子非吾友也。”

这个故事的意思是说:管宁和华歆原本是一对好朋友,有一次他们同在菜园锄草,挖到了一块金子,管宁视黄金为瓦石一样,不为所动,继续锄草,而华歆则拾起把玩,之后才扔掉。还有一次,他们俩同席读书,读着读着,遇到门外有豪华的车撵经过,管宁不受干扰,一心只读圣贤书,而华歆则忍不住被吸引,丢开书跑出去围

---

① [南朝]刘义庆著,沈海波等译:《世说新语》,中华书局 2022 年版,第 11—12 页。

观。等到华歆回来,管宁拿出刀子把两人的席子割为两半,说:“(我们俩志趣不相投)你不是我朋友。”这个故事告诉我们,我们应该与志同道合的人为伍,然后“**善相劝,德皆建**”。如果两个人志趣不相投,则会“**道不同不相为谋**”。在德行和德性上不相投更是如此,倘若互不规劝,两个人的德行和德性都要受到坏的影响。

原文:凡取与,贵分晓,与宜多,取宜少。

译文:取得或给予财物,贵在分明,该取则取,该予则予,不该取的财物坚决不能要;宜多给少取。

不管是接受财物还是给予他人财物,一定要清清楚楚明明白白,不可含糊。别人送你财物,你要记在心头,必要的时候还要记录下来,以待有机会时报答。如果是不义之财物、贿赂之资,坚决不能收取,否则就会把自己推入堕落的深渊。自己给予他人财物时,也应分明,不可斤斤计较。最好是少索取,多施舍。所谓“**壁立千仞,无欲则刚**”,欲望少,人就刚强、坚挺,不为外物的诱惑所动;欲望少,就不会为钱财斤斤计较;欲望少,则志向高洁,清心寡欲。

古人说“**人到无求品自高**”,因为无欲所以无求。因为无求于外物,所以品行自然高洁。反之,欲望过盛,就会“**欲火焚身**”,被欲望所吞噬。一个追求物欲的人也容易被坏人利用,陷入堕落。

在教育子孙后代过程中,要教导后辈注重品行的修养,而不是物质的占有。教导子女通过品行修养来达到“亲仁”的境界。要让孩子懂得分享,懂得施予。不要自己给予他人一点帮助就期待他人更大的回报。如果只看重物质的享受、物质的占有,只会使人更加远离“仁”。在生活中要“知足常乐”,在德行的精神追求上要永无止境。古人还说“吃亏是福”,在财物方面吃点亏,一点也不会有损德行，相反对财物斤斤计较时，德行已经受损了。现代社会，物质极其丰富，人们的物欲也得到了极大的满足。拜金主义、物质至上成为许多人的终极追求，因此，精神领域的贫乏成为当今社会的通病。在儿童教育中，要注重儿童精神品质的培养，及早帮助儿童养成良好的道德品行。一个人精神、德行的充实才是根本，没有德行、精神的富足，拥有再多的物质财富也会陷入空虚和落寞。

原文：将加人，先问己，己不欲，即速已。

译文：要求别人做的事情，先问自己愿不愿意做，自己不愿意做的事情，不要强求别人去做。

《论语》中说“**己所不欲勿施于人**”，意思是说如果自己都不想要的东西，不要强加给别人。这里的“施”和“将加人”的“加”可以说是同样的意思。

“**将加人**”里的“加”字非常有趣，大致有以下几种意思：

第一，施予。就是给别人东西，例如送东西给别人，如果自己都不喜欢的东西就不要送给别人了。

第二，强加。如“**欲加之罪，何患无辞**”。

第三，要求。例如自己都不愿意、不想做的事情，要求别人去做，这是不应该的。

第四，强迫。与强加的意思接近，但是程度更深。强迫别人干什么的时候，先问问自己愿意被强迫吗？如果自己都不愿意，那么就不要强迫别人了。

第五，贴标签。人都有宽容自己而苛责他人的毛病，如果你总是觉得别人对自己不好，应该换一个角度，站在别人的立场上看问题：如果别人这样看待我，我觉得公平吗？如果不公平，就不要把别人想得那么不好，给别人贴上“不好”的标签了。

“将加人，先问己，己不欲，即速已”这四句话道出了深刻的与人相处的智慧，如果反复揣摩，反复实践，必将让自己智慧大增，受用无穷。这种智慧就是为人处世的**“黄金法则”**：你不希望别人怎样对待你，你就不该怎样对待别人；你希望别人怎样对待你，你就怎样对待别人。通过这样的教育或自我教育，可以让人懂得尊重、理解和忍让，而不至于成为自私自利到极致的“精致的利己主义者”。

与“黄金法则”相对的叫**“反黄金法则”**：我怎样对待别人，别人也要怎样对待我；我不怎样对待别人，别人也不能怎样对待我！这种“反黄金法则”实际是一种不可取的**“凡事必求回报”“凡事必须如我所愿”的心态**。这种心态势必会给自己带来很多内心的困扰，甚至让自己陷入内心不平衡的“死胡同”而不能自拔，所以是不可取的。

“反黄金法则”是应该坚决摒弃的。就好比我们对别人施舍，我们对别人好，就期待对方的回报。如果对方不回报，或者回报不对等，我们就会陷入“自己那么好，为对方付出了那么多，为什么对方不理解我”“为什么我为对方付出了，对方却不为我付出”“为什么我处处为对方考虑，对方却不为我考虑”等等困扰中去。其实我们应该以一种“但问耕耘，不问收获”的心态正确处理人际关系，这样就不会让自己陷入“己不欲”而“将加人”的不愉快境地了，也不会让自己陷入自我困扰的麻烦中去了。世事很奇妙，有时候就是换一个角度、换一个想法，天地就不一样了。

原文：恩欲报，怨欲忘，报怨短，报恩长。

译文：欲报答别人的恩情，就要忘记对别人的怨恨；应该短期抱怨，长期报恩。

俗话说：**"滴水之恩，当涌泉相报"**。前文讲到，我们为他人付出当不问回报，这样才能做到"心底无私天地宽"，这是对自我的修炼。可是当别人施予我恩惠，给予我帮助时，不应该忘记他人的恩情。**《孝经·开宗明义》**云：**"夫孝，德之本也**。"孝行，实为对父母的感恩行为。从这个意义上，我们也可以说：感恩之心，德之本也。如果一个人没有感恩之心，只知一味地索取，却不懂感恩，那跟不孝有什么分别呢？实际上，生活中有不少这样的人，他们缺少感恩之心，连孝敬父母、尊敬师长都做不到，更不要说感恩他人、施予他人了。从另一个角度来看，也可以说，感恩之心是从孝心引申出来的。**一个没有孝心的人，不可能懂得感恩**。**反之，一个不懂得感恩的人，很难说他会有孝心**。所以孝心与感恩之心关系密切，甚至"同出而异名"。

我们自己可以不计报酬地施予，但是对待他人(包括父母)给予我们的恩惠时，我们却不能"理所当然"，甚至反过来指责他人怎么能寻求回报。现实生活中，也时有这样的荒唐事情发生：公交车上有人给他人让座，非得要求别人说感谢；有人要求他人给自己让座，否则指责他人不道德。之所以会有这样的事情发生，是因为这些人的德行修养不够。如果每个人都能按照礼仪、按照德行行事，人人都做好自己，那么这个社会自然就和谐了。所以"八荣八耻""社会主义核心价值观"这些品性、德行的规范应该人人都学习、实践。我们作为成人，对孩子的德行教育就应该从小培养。**感恩之心与孝心的培养，是根本的道德养成教育，不可忽视**。

原文：待婢仆，身贵端，虽贵端，慈而宽。

译文：对待婢女和仆人，自己要品行端正、以身作则；虽然品行端正很重要，但是仁慈宽厚更可贵。

现代社会当然已经没有婢仆了，所以也就不存在主人和婢仆的关系，但是广泛地存在上下属关系。上下属关系和主仆关系在很多方面是非常相似的。因此我们从上下属关系来解读**“待婢仆，身贵端，虽贵端，慈而宽”**这四句话的道理，会发现其依然是适用的。

《论语·子路》说：**“其身正，不令而行；其身不正，虽令不从。”**说的就是在上下属关系中，作为上级（领导）要其身正、行为端正，不可轻浮，否则命令和安排就很难推行。如果上级能够行为端正，以身作则，那么即使不命令，下属也会因为心悦诚服而心甘情愿地去做好事情。这就是道德、品行的感召力。

《弟子规》更进一步地发挥了孔子的**“其身正，不令而行”**这句话，指出**“虽贵端，慈而宽”**，即在上下属关系中，虽然高贵、端庄、大方、威严很重要，但是慈爱而宽厚更加重要。这句话是非常有道理的。我们会看到现实生活中，很多的领导、老板**“贵端”**是做得非常好的，但是往往显得高高在上，行为举止很端正，但和下属没有一句说笑，缺乏平等的交流，一副不可靠近，不可亲近的样子。他们不会体恤下属，从不主动关心下属的工作、生活上的需求。他们认为如果这样“礼贤下士”了，就会很“跌份儿”。《弟子规》说这样的领导是不够好的，缺乏有仁德的人所具有的慈爱和宽厚。

如果我们进一步引申**“待婢仆，身贵端，虽贵端，慈而宽”**这四句话，就会发现其实人与人之间的交往、相处中，无论在哪一种关系中，**“身贵端”**和**“慈而宽”**都是一种值得提倡的德行。哪怕是在父母与子女的关系中，也是一样的，父亲的威仪、严厉，并不妨碍他“慈而宽”地对待子女，与孩子进行平等的交流。母亲通常被定义为“慈祥”的代表，但是“身贵端”也重要，否则就会应了那句话——慈母多败儿。

由此可见，《弟子规》再一次展现了其严密的逻辑和辩证的思想。应该说“身贵端”和“慈而宽”是相辅相成、相互促进、相得益彰的关系。**身正而缺乏慈爱和宽厚就会显得死板、固执；慈爱和宽厚而缺乏身正、身端就会变成纵容、溺爱**。

原文：势服人，心不然，理服人，方无言。

译文：仗势逼迫别人服从，对方难免口服心不服；以理服人，别人才会心悦诚服。

以势压人，其心不服；以理服人，心悦诚服。这是很简单的道理。俗话说：“**哪里有压迫，哪里就有反抗**”。仗势欺人，强迫他人服从自己的意愿，这就是压迫。秦始皇力挽狂澜，横扫六国，作为伟大的开国皇帝，实现了中国历史上第一次真正意义上的大一统。但是秦朝为何二世而亡？原因很简单，就是暴政。对百姓压迫过甚，严刑峻法、苛捐杂税过甚而缺乏宽厚。乱世之后，国家刚刚统一，却未给予百姓休养生息的机会。百姓对秦朝的统治口服心不服。所以在压迫中，陈胜、吴广揭竿而起，反抗暴政，众地方一呼百应，农民反抗运动风起云涌，没多久就一举推翻了秦朝统治，改朝换代了！

“势服人，心不然”的后果，于国家统治而言，关乎国家稳定、繁荣和发展的命脉。于个人而言，关乎个人的道德修养水平。《**国语·周语上**》说：“**防民之口，甚于防川。川壅而溃，伤人必多。民**

亦如之。是故为川者决之使导，为民者宣之使言。”[①]阻止人民说话的危害超过了堵塞河川的危害。水流被堵塞久了，终究是要决堤，必定会造成大量的伤亡。人民就如水一般，可以引导不可堵截。**水能载舟亦能覆舟**，人民就是水，如果以堵塞、压迫的方式对待人民，而不是疏导之，让百姓心悦诚服，那么人民的洪水迟早会决堤泛滥，冲垮一切的。古人早已明了其中的统治智慧。

国家管理不能**以势压人**，企业管理、组织管理，乃至家庭管理、人际关系处理，同样如此。作为个人，一定不要觉得自己是领导、拥有权力，就强迫下属执行命令；一定不要觉得自己是长辈，就可以强迫小辈接受他们不情愿接受的事物；一定不要觉得自己学问高，就强迫他人接受自己的观点。

我们一定要记住，权势、地位、才学不能作为压迫别人的工具，只有德性、品行才能让人心服口服。所以，我们自己要做到以理服人，在子女的教育中，也要教导子女学会以理服人。父母言行举止的榜样力量是非常重要的，不能自己是仗势欺人，喜欢“强权政治”的人，对待孩子的教育也用强迫、命令、威逼利诱的方式，嘴上却教导孩子要“以理服人”，那就很可笑了。

那么，如何才能做到“**理服人，方无言**”？让别人对你心服口服呢？方法有二：第一，提高自己的品德修养，做一个值得人信赖的德行高洁的人。如此，他人自然会信服你。第二，以身作则，树立榜样。夸夸其谈、坐而论道的伪君子迟早会被人识破的。

正所谓“**理，礼也**”。“理”的含义，我认为有三个层面：

第一，道理。就是要“以德服人”，说服他人，让他人从内心里

---

① [春秋]左丘明著，陈桐生译注：《国语》，中华书局2013年版，第10页。

接受，从内心愿意遵循这样的“理”。这一点要通过讲道理、讲故事、树榜样来让他人，特别是年幼的孩子和德行修炼尚浅的人知晓。

第二，道德规范、法律法规、礼仪规定等。就是说话做事依“礼”行事，按照道德规范、法律法规、礼仪规定行事，让所为有章可循、有法可依。古人喜欢“约法三章”，就是这个道理。事情发生了，我们有约在先，遵循共同的约定，而不是某个人空口无凭、仗势欺人、发号施令。

第三，礼貌、礼节。这是最狭义的“理”的理解。但却是不能忽略的德行细节。俗话说“**有理不在声高**”。论道理你是对的，道德规范、法律法规也站在你那边，但是你若因此就粗暴无礼、面目狰狞地对待他人，无异于**仗势欺人**，只不过你仗的势，不是权势、地位，而是道德、法规的优势。如此行事，恐怕让人对道德、法规也会产生抵触情绪。我们常见的**道德绑架**现象就是如此：明明你是对的，但为什么别人就是不接受你的批评和建议？对方明明知道自己行为有违道德、法律法规，为什么还是要和你对着干？实在是因为你“**无礼**”而“**无理**”。青少年叛逆情绪都比较重，很多时候，道理和规范他们都是懂的，但就是要和父母、师长对着干，为什么？恐怕父母、师长要反省自己是否有**仗势欺人**的行为，是否有道理在自己这边，就**蛮横无理**的行为。如果别人已知错认错，你还不断唠叨、嚷嚷，站在道德的制高点不断地说教，让对方下不了台；如果别人已经笑脸相迎、赔礼道歉了，你还“仗理欺人”，不依不饶的，是不是有理变成无理?！所以“**理服人，方无言**”也要讲究智慧。“理”之度的把握，比“理”本身更加重要。而“理”之度的把握是要靠自己的德行、德性修养以及实践的智慧来支撑的。

七、亲仁

“亲仁”这部分,共有 16 句,48 个字。此处**“仁”**有两种含义:**一表示有德之人**,如**“仁者”;二表示“仁德”本身**。因此“亲仁”的意思可以解释为亲近有德之人,向“仁德”靠拢,使自己德行与日俱增。俗话说**“近朱者赤,近墨者黑”**,和什么样的人相处久了,自己就会变成什么样的人。**“入芝兰之室,久而不闻其香”**,和有仁德的人在一起,向优秀的人靠近,我们自己就会受到潜移默化的感染,久而久之,自己的道德水平也会有所提高。反之**“入鲍鱼之肆,久而不闻其臭”**,和伪君子、低俗、下流的狐朋狗友混在一起,久而久之,自己也沾染上伪君子、狐朋狗友的恶习,言行举止变得低俗、下流!所以古时候有**“孟母三迁”**的故事教导子孙要“亲仁”。父母长辈要为子女创造一个“亲仁”的家庭环境,整个社会要为青少年塑造一个“亲仁”的外部环境,才能促进下一代的健康成长。同时父母师长要教导子女懂得自我约束,自觉“亲仁”,因为有时候外部环境是不可改变或难以改变的,但我们可以改变自己,我们可以左右自己的行为和思想。

一个人如果远离仁德,变得堕落了,除了外部环境的影响,还应该自我检讨。归根结底,任何的改变都是自我改变,所以要从自我做起。儿童青少年自我约束力弱,成人要多为孩子考虑,为孩子塑造良好的成长环境,以身作则,时时督促,直到孩子培养起良好的自我约束能力。

讲到这里,我们回顾《弟子规》总叙:**“弟子规,圣人训,首孝悌,次谨信,泛爱众,而亲仁,有余力,则学文。**”其中这个**“而”**字承接的是前文**“首孝悌，次谨信，泛爱众”**这三句。这样来理解，我们就知道了，前文所讲孝、悌、谨、信、泛爱众，这一切的德行修为都是在一步一步地靠近仁德，也就是不断地“亲仁”，而不是说只要做到“泛爱众”就做到亲近仁德了。

所以，《弟子规》总叙的 24 个字是有非常紧密的逻辑关系的。阐述完“亲仁”之后，才接着说**“有余力，则学文”**，力行与学文的轻重可见一斑。但如果简单把这句话理解成先力行再学文，有先后关系，也不是那么恰当！前文也阐述过了，**“则”**字不能理解成“才”或“就”之类的意思。**并不是说行有余力才去学文或行有余力就去学文。行无余力就不学？不是这样的。《弟子规》说了：“不力行，但学文，长浮华，成何人；但力行，不学文，任己见，昧理真”，把“力行”和“学文”的相辅相成的关系说得非常明白了。**不是说力行**就**可以不学文，更不是说只学文，而不力行。而是说在学文时，应该首先力行好孝、悌、谨、信、泛爱众，不可本末倒置，空长浮华！

原文：同是人，类不齐，流俗众，仁者希。

译文：同样是人，每个人的德行却各有不同；流于世俗的人众多，仁义博爱的人稀少。

“同是人，类不齐，流俗众，仁者希”这四句话，和前文“泛爱众”里面的**“凡是人，皆须爱，天同覆，地同载”**一样，实际上是讨论人和人性的两段蕴含深刻哲理的话。“凡是人”中的“人”讲的是人类，是一般意义上的人，就是说大家属于同类，有共性，比如有思想、有语言、直立行走等。而“同是人”中的“人”更多指向一个个普通的，具有个性的、独特性的人。人是千差万别的，每个人都不一样，哪怕是双胞胎都是有差别的。每个人都有自己的思想、自己的气质、自己的个性、自己的品行，就像**世界上找不出两片完全相同的叶子**一样，也找不出两个完全相同的人。

所以前文说“**凡是人，皆须爱**”是说的爱人类，而不是只爱某个人，当然，爱人类还得体现到爱具体的某个人、某些人、某类人的，不可能去爱没有意义的抽象的、概念的人。另外，某些穷凶极恶的人自然是不能爱的。“**同是人，类不齐**”，就是说虽然大家都属于人类，但每个人都不一样。人和人之间的差别，有时候简直是天壤之别。有高尚的人就有卑鄙的人；有慈爱的人就有凶残的人；有宽厚的人就有心胸狭窄的人；有舍己为人的人就有自私自利的人……此外，大部分人就是普通人、俗人而已。所以“**流俗众，仁者希**”就是说大部分都是普通的世俗之人，真正的大仁大义大德的仁者是很少的。

原文：果仁者，人多畏，言不讳，色不媚。

译文：真正的仁德之人，大家自然敬畏他；他直言不讳，不会阿谀献媚。

“**果仁者，人多畏，言不讳，色不媚**”这四句说的是真正的“仁者”是什么样子的。说得非常地简单。真正的仁者有几个特点：第一，人们一定很敬重他；第二，说话一定很坦诚，为人一定很正直，绝不会藏着掖着；第三，面容端庄，一身正气，绝无谄媚之色和媚俗之气。

为什么仁者能做到这样呢？因为仁者具有高尚的道德情操，所以人多敬畏；因为仁者具有广阔的胸襟、正直无私，所以直言不讳；因为仁者与世无争、于世无求，所以能够做到面无谄媚之色。

相反，那些小人、伪君子，无论怎样掩饰，遇到权势、地位、名望、钱财很快就露出狐狸尾巴,露出谄媚之色。《论语·述而》里,孔子说“**君子坦荡荡,小人长戚戚**”①。君子心胸坦荡,所以毫不掩饰自己,而小人则斤斤计较,所以常常难以掩饰自己的卑劣。

原文:能亲仁,无限好,德日进,过日少。

译文:能够学习仁德或者亲近有仁德的人,向他学习,是无限好的事情;你的德行会与日俱增,过错逐日减少。

前文讲到,在这个世俗的社会里,“**流俗众,仁者稀**”,真正的仁者是不多的。那是不是因为仁者少,仁者的境界是不容易达到的,我们就可以放纵自己、得过且过、流于世俗,甚至自甘堕落呢?当然不是。《弟子规》最后一句话说了,虽然世俗之流很多,但是每个人都应该“勿自暴,勿自弃”,因为“圣与贤,可驯致”啊!就是说圣人与贤人也不是天生的,只要立下大志,不懈努力,也是可以达到圣贤的境界的。所以,人不能自暴自弃、自甘流俗。

再者,退一步讲,即使达不到圣与贤的境界,“亲仁”,向有仁德的人靠拢、学习,追求仁德也是好事。因为一个人能“亲仁”是有无限的好处的,既能够提升自己的道德修养,还能让自己少犯过错,即“**能亲仁,无限好,德日进,过日少**”。

那么什么是“仁”呢?前文说过,**《弟子规》的“仁”至少包含两层意思,一是有仁德的人,如孔夫子;二是“仁德”本身**。仁,是儒家思想的核心,是道德的最高原则。在《论语》中,“仁”字出现达 109 次之多,说明“仁”在孔子的思想体系中居于十分重要的地位。**“仁”应该包括孝、悌、忠、恕、礼、知、勇、恭、宽、信、敏、惠等内容。**

---

① 胡乃波译注:《论语》,华龄出版社 2017 年版,第 83 页。

孔子自己说:“**夫仁者,己欲立而立人,己欲达而达人,能近取譬,可谓仁之方也已**。”仁者能够事事为对方考虑。“**己所不欲,勿施于人**”,仁者绝不强加于人。“**仁者爱人**”。孔子的弟子曾参说“**夫子之道,忠恕而已矣**”,把“仁”具体化为“**忠恕**”二字。可见“仁”包含的涵义是非常广泛的,我们这里不作深入的探讨。

原文:不亲仁,无限害,小人进,百事坏。

译文:不学习仁德或亲近仁义君子,就会有无穷的祸害;奸邪小人就会趁虚而入,导致整个人生的失败。

前一句讲“**能亲仁,无限好**”,那么“不亲仁”会怎么样呢?《弟子规》的一个非常明显的特点是,经常从正反两个方面来规约一个人的行为。一方面从文字上显得对仗工整,读起来朗朗上口,另一方面说理透彻,让人容易接受。俗话说“**学如逆水行舟,不进则退**”,道德修养、行为习惯的养成也是如此,如果不学无术,不向有仁德的人学习,不提高自身的道德修养,久而久之,道德水平也会下降。如果不随时注意自己的言行举止,久而久之,坏毛病坏习惯就会悄然养成。如果“不亲仁”,就会“**小人进,百事坏**”,小人就会趁虚而入,让你事事都不顺利!

那么什么是小人呢?小人追求名利,小人对人说长道短,小人自私自利,小人心胸狭窄,小人睚眦必报,小人卑躬屈膝……总之,一切仁德之人引以为耻的事,小人都引以为荣,并且用行动演绎这种“荣耀”。若让小人进入自己的生活圈子,岂不“百事坏”?《易经》上讲:“**方以类聚,物以群分**。”[①]亲仁得仁,亲小人,那么我们也

① 马恒君注释:《周易》,华夏出版社2001年版,第39页。

会沦为小人。《朱子治家格言》里说:**“狎昵恶少,久必受其累”**①。前文也讲过,与有德之人相处,往往能够**“善相劝,德皆建”**,与小人处,必然**“过不规,道两亏”**。所以我们应该教导孩子从小养成“亲仁德”“远小人”的良好品性,特别是在当今社会充满诱惑的环境里,如果没有良好的道德品行修养,孩子一不小心就会染上恶习、陷入泥淖。务必谨小慎微!

八、余力学文

“余力学文”这部分,共48句,144个字。讲的是“力行”与“读书”,及其相互间的关系。君子应首先力行,做好“孝悌”“谨信”“泛爱众”和“亲仁”,行有余力则学文。而“力行”在前文已经讲过了,这里主要讲怎么读书,读书时有哪些行为规范,特别指出读书时心要敬意要诚,此外还讲了“读书”和“力行”的辩证关系:**读书和力行并不是非此即彼的关系,而是相辅相成,相互促进的关系**。**“余力学文”**并不能肤浅地理解为先力行后读书,如果这样理解就陷入偏执。梳理“余力学文”的内容,我们可以把它概括为两个方面:**文行合一**、**学文**。

(一)文行合一

原文:不力行,但学文,长浮华,成何人;但力行,不学文,任己见,昧理真。

---

① [清]朱柏庐:《朱子治家格言》,吉林出版集团有限责任公司2014年版,第25页。

译文：不能身体力行“孝悌”“谨信”“泛爱众”“亲仁”，纵有知识，也只是增长自己华而不实的习气，变成一个不切实际的人。只是身体力行“孝悌”“谨信”“泛爱众”“亲仁”，不肯读书学习，就容易依着自己的偏见做事，也会看不到真理。

“**余力学文**”这部分，头8句就辩证地阐明了“力行”与“学文”的辩证关系。清楚地说明了“**有余力，则学文**”绝对不是行有余力才去学文。如果这样理解，只会给人以行无余力则不学文的借口。《弟子规》明确提出了人不但要力行，而且要学文。如果只执一端都是不好的。虽然《弟子规》总叙里有“首孝悌，次谨信”的“首”“次”这样表示先后次序的字眼，但通读《弟子规》全文，深刻地领悟和体会其中的深意，我们会发现，这里不能理解成先后次序的意思，即**不能理解成：先要学习“孝悌”，然后要学习“谨信”，接着要学习“泛爱众”，再进而“亲仁”，最后行有余力了，才学文化、学知识、学技术等**。这里的“首”“次”等字眼仅仅表示它们之间相对的重要程度：相比于学文化、学知识和学技术等，孝悌、谨信等人之为人应遵守的基本的道德行为规范肯定是更重要的。因为“**夫孝，德之本也**”，孝是道德的根本，是人之为人，人区别于禽兽的根本所在；因为“人无信不立”“人而无信不知其可”，诚信是人之为人立足于世的根基。

大概是为了防止片面地理解“力行”和“学文”的关系，作者李毓秀特地在“余力学文”篇开头8句强调了“**学文与力行合一**”的重要性，说明它们之间的辩证统一关系，两者是缺一不可的。先说“**不力行，但学文**”会怎么样，后说“**但力行，不学文**”会怎么样。一方面承接前文，另一方面引出下文，让读者了然前文一直都在强调力行“孝悌”“谨信”“泛爱众”“亲仁”，现在顺理成章地提出来，光力行是不够的，还需要学文，因为力行而不学文，就会“**任己见，昧理真**”，固执己见，不学新知识、不接受新事物，导致思想僵化、行为顽固。而学文不力行也不行，因为这样就会“**长浮华，成何人**”，即变成一个华而不实、不切实际的、只会夸夸其谈的，自以为很了不起的人。我们想想也是这个道理：如果一个人不读书，不开阔视野，不学习新东西，不学习经典所传递的人类经验和智慧，而只是凭借自己的想法一味地“力行”，那么“力行”可能会变成蛮干，甚至因为缺乏指引，而走弯路、走错路，变成固执己见。反之，一个人只会读书，不实践，不在行动中磨炼自己，那么就可能变成“死读书，读死书，读书死”的书呆子，变成只会纸上谈兵的人。更可怕的是，如果一个人不力行“孝悌”“谨信”“泛爱众”“亲仁”，那么他的满腹经纶与才学由于缺乏道德、规范的规约，就可能变成难以驾驭的能量，甚至可能干出伤天害理的事，变成**有才无德**的危险分子。因此，一定要提倡**力行与学文合一**。从相对重要性来讲，首先要培养孩子的道德品行，只有道德品行才是能从根本上约束一个人的内在力量。

（二）学文

原文：读书法，有三到，心眼口，信皆要。

译文：读书的方法有三到：心到、眼到、口到，三者缺一不可。

这四句讲应该教导青少年怎样读书。读书法很简单，就是“三到”：心到、眼到、口到。对圣贤书，就是要用心认真领会、用眼仔细看、用口大声朗诵。古人都非常推崇朗诵，正所谓“**书读百遍，其义自现**”“**熟读唐诗三百首，不会作诗也会吟**”。但是这“心、眼、口”三个字的读书法要理解起来并非易事，要正确地执行起来则更难。

首先，从理解上，我们必须清楚，读书、学习中，“心、眼、口”必须同时到，缺一不可。读书若只用口，就会如“**小和尚念经，有口无心**”，念一百遍一千遍还是无所领悟、无所长进；读书若只用眼，就会恍恍惚惚，如坠五里云雾，不知书中所言；读书若只有心，而无眼观口诵，就会“**心有余而力不足**”，缺乏行动，将读书变成“**明日复明日**”的口号，只把读书挂在心上，却不采取行动。总之，心、眼、口三者，缺一不可。

其次，心到、眼到、口到三者，我认为最重要的是心到。心到是读书的前提和基础。倘若读书时，心不在焉，内心浮躁、心有旁骛，虽然眼在看，口在读，但却“**心骛八极，神游万仞**”，那是读不好书的，读了也白读，读了也不知道自己读的什么。古人和今人都重视背诵，除了背诵可以巩固记忆以外，更重要的是背诵实在是锻炼青少年专注力的重要手段。你想，背书的时候如果心不在焉，肯定是背不下来的，要想背下来就要用心地看、用心地读、用心地记，甚至用心去理解，以巩固记忆。当所学**牢记于心**，才有可能转化、内化为自己的东西，提升自己的修养，并运用于自己的工作、生活和学习中。现代人认为信息技术这么发达，你需要的东西，只要上网一搜索，一秒钟就出来了，精确无误，比起背诵来，又精准又省时，你要背诵什么呢？这实在是对背诵的极大误解和歪曲。

第三，读书法，“心、眼、口”三到，不是嘴上说心里想的，而是要去实践的。必须在读书的过程中去体会静心的美妙、观书的乐趣、诵读的喜悦。通过读书来陶冶心性，养成读书、朗诵的好习惯。在心性的陶冶中又更加热爱读书，沉浸于读书之中，让内心的宁静与读书的快乐融为一体。现代人对电子技术、对网络数据库的依赖太深，崇尚碎片化学习、快餐文化，读书已经变成一种奢侈，能够静下心来好好地读一本书的人已经不多了。很多人拿到一本好书，就是看看封面设计，看看目录，看看前言，看看后记，然后束之高阁。人心浮躁至此，要用心读完一本书简直比登天还难。其实，书真的需要用心读，我们才能有所领悟，才能长知识增智慧。那种快餐式阅读、碎片化学习只会让人的学习限于表面。快餐式、碎片化的学习让我们产生一种错觉：以为自己学习了很多，知识广博，上知天文下知地理，但实际上既没有深刻的思考，也没有建构起某一门学问的知识体系，只是浮萍般在知识的海洋里飘荡，看起来整个知识的海洋都是你的，实际上连你自己的心都不是自己的。

原文：方读此，勿慕彼，此未终，彼勿起。

译文：做学问要专一，不能一门学问没搞懂，又想搞其他学问。一门学问没搞懂，不要另起一门。

“方读此，勿慕彼，此未终，彼勿起”这四句说的是读书时必须专注、精研，不要贪多求快、不要浮光掠影地读。实际上讲的是读书法之“精读”“精研”法——这是成就一门学问、成为某一领域专家的必经之路。研究一门学问，不要一知半解就半途而废，又想另辟蹊径，追求新鲜，学习另一门学问。这样做只会流于肤浅，甚至学无所获。就像那个**挖井**的比喻一样：与其花大量的时间和精力去挖九十九口浅井，还不如将挖这九十九口浅井的时间和精力全部用于挖一口**深井**。俗话说**“只要功夫深，铁杵磨成针”**，集中精力专注于一件事、一门学问，何求大事不成？何愁学问不深？怕只怕浅尝辄止，半途而废！

读书最忌缺乏恒心和毅力，所以《弟子规》说**“方读此，勿慕**

彼”。读书不要“**吃着碗里的,看着锅里的**”,三心二意,内心不专。**读书还忌讳“浅尝辄止**”,一门学问还没有研究精透,就想着另起一头,学习新的学问。这样必然会把学问学杂乱,无法融会贯通不说,连一门精通的学问也没有。

我们要摒弃现代快餐式的阅读习惯和碎片化的学习模式。拿起书本,精研学问。荀子在《劝学》篇里说:“**锲而不舍、金石可镂**”。读书也是如此,要有锲而不舍的精神,不可三心二意、浅尝辄止。不管是成人还是儿童都应该养成读书要精读的好习惯。

我们要**注意两点:第一,提倡读书要专一,要精研学问,但并不反对广泛地阅读**。因为学问之道,除了精读、精研之外,也需要广泛涉猎不同领域、不同学科的知识,以奠定广博的知识基础。有了广博的知识基础,精研的学问大厦才能建得更高。所以精研学问和广泛涉猎并不矛盾,而是相互促进的。这就是所谓的**厚积薄发**。鲁迅先生也曾经说过:(读书)“**必须如蜜蜂一样,采过许多花,才能酿出蜜来。倘若叮在一处,所得就非常有限,枯燥了**。”[①]现代社会对人的知识结构的诉求与古代不同,不仅需要有广博的知识,也需要有精深的研究领域。

第二,在教育中,不要让孩子学习得过多。多就会杂乱,就会分散孩子的注意力。一个人的精力有限,学得多而杂,最终必然浅尝辄止,样样都会,但也样样都不会。再者,这种高强度、“大轰炸”式的学习,容易让孩子产生厌学情绪,甚至对学习产生恐惧,那就真是得不偿失了。所以《弟子规》言“**方读此,勿慕彼,此未终,彼勿**

---

① 鲁迅:《360415·致颜黎民》,载《鲁迅全集》第十四卷,人民文学出版社2005年版,第77页。

起”的读书之道，实在智慧无比，值得我们现代的人借鉴。

原文：宽为限，紧用功，功夫到，滞塞通。

译文：读书计划要有宽限，不要急于求成，但用功要加紧；用功到了，学问就通了。

如果说“**方读此，勿慕彼，此未终，彼勿起**”主要讲的是读书要专一、学问要精研，那么“**宽为限，紧用功，功夫到，滞塞通**”这4句主要讲的就是读书要持之以恒、不懈努力。

“**宽为限**”是教导读书人，读书时不要浮躁、不要急躁，不要指望“一口吃成个胖子”，不要想着一夜读遍天下书。要给自己足够的时间静心读书。读书时要细细揣摩、认真领会，切莫贪多求快。因为读书做学问最忌浮躁。

“**紧用功**”句，与“**宽为限**”句应该结合起来理解。这句讲的是，**人生短暂，不能浪费大好光阴**，不能以“宽为限”为由，以读书不能浮躁、要慢慢来为由，不加紧努力、不抓紧用功，荒废时间。古有**欧阳修读书“三上”：马上、枕上和厕上**。[①]就是说欧阳修这样的大学问家、大文学家，做学问写文章都是极其抓紧用功的，连骑马时、睡觉时和上厕所时都在思考学问。这种精神是值得我们学习的。俗话说“**今日事今日毕**”，今天的事情要今天做完，今天的功课要今天复习，千万不可“**明日复明日，明日何其多，我生待明日，万事成蹉跎**”。《乐府诗集·长歌行》言：“**百川东到海，何时复西归。少壮不努力，老大徒伤悲**。”读书亦当紧用功，否则“**书到用时方恨少**”“**白**

---

① 见欧阳修：《归田录·卷二》，载《归田录·外五种》，上海古籍出版社2021年版，第52页。

了少年头,空悲切”了。现代社会,孩子所学要比古人多得多,父母除了为孩子树立榜样,教导孩子紧用功之外。还应该教会孩子规划自己的时间,制订自己的学习计划,养成按计划办事、持之以恒的良好学习习惯。

原文:心有疑,随札记,就人问,求确义。

译文:不懂的问题,记下笔记,向良师益友请教,求得正确答案。

“**心有疑,随札记,就人问,求确义**”这四句话说的是读书的过程。讲书应该怎么读的问题。读书时,必然会存在疑问、遇到问题,一时半会儿无法解答要怎么办呢?读书遇到疑问要“随札记”,就是读书的时候要随时准备一本笔记本,把读不懂的、有疑问的地方随时记录下来,俗话说“**好记性不如烂笔头**”,有疑问之处就是思想的闪光之处,当时不记下来可能过后就忘了。疑问记下来之后要怎么办呢?“**就人问,求确义**”,就是赶紧找人问,向人请教,获得准确可靠的答案。

对于读书应“存疑”这件事,这四句话表达了两个意思:

第一,读书时必须存疑,批判地读书。俗话说“**不唯书不唯上**”,说的就是读书要有存疑的精神。古人也说“**学贵有疑**”。南宋**朱熹**说:“**读书无疑者须教有疑,有疑者却要无疑,到这里方是长进**。”明朝**陈献章**说:“**前辈谓学者有疑,小疑则小进,大疑则大进。疑者,觉悟之机也。一番觉悟,一番长进**。”批判地读书,学问才会有所长进。

第二,解疑和答疑。陶渊明在《**五柳先生传**》中说过自己是“**好读书,不求甚解**”,意思是自己非常喜欢读书,但是不在个别的字、词、句上过于深究。在表达的意义上也不过分钻牛角尖。辩证地讲，这是有一定道理的。每个人对所读之书都会有不同的理解，例如同样解读《弟子规》，我的解读和他人的解读必定是不一样的，不必去追求统一和确切的答案。再者，读书不等于做科学研究。做科学研究是为了探求真实、客观、准确的事实或数据，读书是为了修身养性、增长智慧。人的知识积累、内在心性和信念、目的不同，从书中所获得的收获就不同。因此，细节上，表达上的疑问，有些可以存而不论，这是一方面。另一方面是**关于科学的疑问、知识性的疑问、思想性的疑问**。**这种疑是不能存而不论的**。比如，某个字的读音、意思不懂，则肯定要搞懂，要向人请教或查字典；对某个人的思想持怀疑的态度是一定要深究的，如我国南北朝范缜疑鬼神存在论，而撰《神灭论》；对书中讲述的科学知识，认为有错误或不准确的，这肯定要验证，如李时珍校阅医书错误，撰《本草纲目》。学贵有疑，大疑之处也是大智慧爆发之处。有疑问处多半是思想碰撞产生火花之处。读书疑问处往往也是新的知识大厦建立的基点。

原文：房室清，墙壁净，几案洁，笔砚正。

译文：房间整洁，墙壁干净，书桌清洁，笔墨整齐。

这四句讲的是书房的环境，看起来与读书无关，其实大有关系。因为书房的样子就是一个人心性与道德修养的体现。书房乱七八糟肯定不是一个能够静心读书的君子的居处；书房布置得华丽无比，主人肯定不是一个淡泊名利，一心只读圣贤书的人。此处讲到书房应该“**房室清，墙壁净，几案洁，笔砚正**”，表面上说的是房室，实际说的是人。读书之处，必须环境安静、清幽、淡雅，少受外界的干扰。墙壁应该干干净净,不要有太多的干扰因素。桌椅应该干净整洁。桌子上的笔墨纸砚要摆放端正、整齐。就是如此琐碎的规约,却蕴含着大智慧。这让我想起了**神秀**的一首佛偈:**"身是菩提树,心如明镜台,时时勤拂拭,勿使惹尘埃**。"其实就是通过外在行为习惯的养成来促成内心的修养。看起来,清扫和整理的是房屋、墙壁、几案和笔砚,实际上拂拭的是人的内心,是道德品性。

古人还说,**"一屋不扫何以扫天下"**,所以我们不要觉得让孩子打扫自己的房间,整理自己的书包、书架,每天早上起来叠被子、拉窗帘这些事是小事、小节,不必在意,大人替孩子做就好了。非也。这正是《弟子规》所提倡的养成教育之智慧所在:就是由外而内,由行为习惯而道德品质的一种教育方法和路径。

原文:墨磨偏,心不端,字不敬,心先病。

译文:墨磨偏了,是因为心思不正,写字不工整,往往是内心先不敬所致。

联系上下文,我们会发现,**"墨磨偏,心不端,字不敬,心先病"**其实就是"**房室清,墙壁净,几案洁,笔砚正**"这四句的注解。正如我所说:房室、墙壁、几案、笔砚非单指实际的物,更是人的心性的映射。所以,《弟子规》马上就接着说了:墨磨偏了,是人心不端的表现;字写得歪七八扭,不工整,是不认真、心不静、心不诚的表现。心端、心正才能写出好字。所以古人有**"意在笔先,心正则笔正"**,**"字如其人"**的说法。所以行为习惯、道德品性的修养无处不在,而且尽在生活的细节之中。哪怕是磨墨、写字这样的简单行为都可见人心性。反过来,对孩子的教育就是要从生活中,从每一个细节中，从具体的行为中去养成孩子的道德品性。**道德教育绝不是空讲大道理，恰恰是从日常行为习惯和细节入手**。这让我想起了庄子说过的话。有一个叫东郭子的人问他什么是道？道在哪里？他说：**“道在蝼蚁，道在稗地，道在瓦砾，道在便溺。”**[①]就是说道在蝼蚁身上，在田地里，在瓦砾中，在排泄物中。是的，道就在一切看起来极其普通的、不起眼的、卑微的地方。道并不高深莫测，道就在自然中，道就在生活中，道是无处不在的。仁德又何尝不是如此呢？仁德体现于细微处，体现于日常中。所以要培养孩子的仁德，磨砺孩子的心性，就从打扫卫生，让自己的房间中窗明几净开始，就从磨好每一滴墨，写好每一个字开始。用现代教育术语来说，就是生活教育。生活中无处不是教育，教育就蕴藏在生活的点点滴滴之中。

原文：列典籍，有定处，读看毕，还原处。

译文：每本圣贤书，都有固定的放处，书读完之后，要将它放归原处。

这里讲的是读书的行为习惯。**“列典籍，有定处”**就是说书要放在相对固定的位置，便于取阅，如果随便乱放，既是对典籍的不尊敬，也给读书带来不便，需要书的时候到处乱翻乱找实在不是好习惯。我记得我读书的时候，虽然没有一个像样的书包，但是书必放得整整齐齐，书角必不弯折。而许多同学则随便把书塞在书包或书桌里，书损坏严重，要用的时候就翻箱倒柜地找。

“读看毕，还原处”就是说，书看完之后要放回原来的地方，这

① 庄子著，方勇校注：《庄子》，中华书局2010年版，第369页。

样下次取阅的时候就很方便了。其实何止读书是如此,一种行为习惯是可以迁移的。书读完放回原处的好习惯一旦养成终身受益,因为这种好习惯会迁移到工作、学习和生活中的方方面面。这个习惯养成会为你带来许多的便利,比如几乎不会丢失东西,即使一时找不到,最终也能很快找回来,因为你的习惯会告诉你,你把东西放在哪里了。但是,据我观察,但凡东西乱摆乱放,用完东西从来不放回原处的人,都经常丢三落四。这样的人通常在工作、学习和生活中也是不善于打点、规划和安排的,通常把自己的生活搞得一团糟。

所以,不要轻视生活中每一个细小的行为习惯,它会影响你生活的方方面面,乃至影响你的一生。不要轻视对孩子的任何一个细小的行为习惯的培养,它比所谓的"全脑教育"要重要得多。不要把行为习惯的养成看成琐碎、无聊、呆板、固执的事,因为良好的行为习惯是会迁移到你的工作、学习和生活的各方面,让你受用无穷的。不要轻视每一个细小的好行为、好习惯,它甚至能救你的命!有多少安全事故的发生就是因为习惯差,如抽烟不踩灭烟头引起森林火灾,不及时关掉液化气引发煤气中毒……

原文:虽有急,卷束齐,有缺损,就补之。

译文:即使有急事,也要把书本收好再离开,书有缺损就要马上修补。

"虽有急,卷束齐,有缺损,就补之"四句讲如何爱护书籍:书一定要摆放整齐,分类放好。哪怕有急事,也要收拾妥当,不能随便乱丢乱放。书有破损,要立马修补好。我记得我读书的时候,为了爱护书,使之不折叠、不破损,新书发下来就赶紧找来厚纸,将书好好地全方位包起来。我们那个时候，每个孩子都懂得怎样包书，爱护书也成了很多人的习惯。现在，像这种爱护书的好习惯已经不多见了。我所见小学生的书本、作业本，大都不是缺页就是破损，或折叠得非常厉害，但是他们却习以为常，这不能不说是师长、父母不教的结果。

虽然这里讲的是爱护书，但这种行为习惯同样可以迁移，如财物、票据、文件等的整理，书架的整理，办公室档案、卷宗的整理等。

原文：非圣书，屏勿视，蔽聪明，坏心志。

译文：不良书刊，摒弃不看，以免蒙蔽智慧，坏了心志。

“非圣书，屏勿视，蔽聪明，坏心志”这四句讲读什么书的问题。读书，当然要读好书，要读圣贤书，要读经典。现代社会是个信息大爆炸的时代，过去一个人可以博览群书，通晓几乎所有的知识。但是现在找不出这样的人了。现代社会里，一个人不吃不喝不睡不工作，一天24小时读书，穷其一生也不可能把所有的书都读完。这么多的书要怎么读？怎么在有限的时间内汲取最有营养的精神食粮呢？唯有选择性地阅读。那么如何选择？唯有读经典。什么是经典？经典就是老祖宗留下来的，历经大浪淘沙而依然熠熠生辉的典籍。《弟子规》所说圣书当然是指儒家典籍：如四书（《论语》《孟子》《大学》《中庸》）、五经（《诗经》《尚书》《礼记》《易经》《春秋》）等中华经典。我们现在讲经典，自然包括海内外社会科学和自然科学经典著作，包括别国的优秀文化遗产。

“非圣书，屏勿视”，哪些是“非圣书”呢？作者原意是指除了儒家经典，都是非圣书。现在我们当然不能这么狭隘地看了。当然，不管是古代还是现代、国内还是国外，宣扬迷信、色情、暴力、蛊惑人心，宣扬邪教等歪理邪说的书都是“非圣书”，青年人绝不要接触，而应该把有限的时间和精力用在钻研经典学问、钻研现代科学之上。因为这些“非圣书”会“**蔽聪明，坏心志**”，会使一个人，特别是是非辨别能力不足、缺乏成熟的批判性思维的儿童、青少年陷入昏蔽，身心健康受损。孔子说：“**非礼勿视，非礼勿听，非礼勿言，非礼勿动**”①，是很有道理的。当下各种儿童读物良莠不齐，甚至一些无良商家为图利益，向儿童兜售不健康读物。身为父母长辈，要给予孩子正确的引导，为孩子筛选积极、健康的读物。

原文：勿自暴，勿自弃，圣与贤，可驯致。

译文：遇到挫折，不要自暴自弃，通过身体力行圣贤的训诫，就可以达到圣贤的境界。

这四句既可以说是《弟子规》“余力学文”这部分内容的总结，也可以说是全文的总结。鼓励学子不要自暴自弃，只要“力行”和“学文”并重，也可以达到圣贤的境界。这是一句激励性的话语，放在文末很有力量。

这四句回应《弟子规》总叙第一句话“**弟子规，圣人训**”。既然是圣人训，那就是要教导子孙后辈做圣人，像圣人那样行事了。“弟子们”会不会觉得这个太理想主义？会不会觉得既然是圣训，那就只能“高山仰止”，反正自己是达不到圣人的境界的。《弟子规》的最后一句给人以激励和希望，激励普通人向仁德靠拢，向有仁德的人学习，并说圣人不是天生的，是后天养成的。这样的思想应该说非常具有前瞻性，而且也非常符合《弟子规》的初心。圣人

① 胡乃波译注：《论语》，华龄出版社 2017 年版，第 132 页。

之所以是圣人，一方面因为他们有惊人的毅力和宏图大略；另一方面也因为他们善于不断地在日常生活的点滴中磨炼自己，他们也并非一出生就是圣人。正如《孟子·告子章句下》所言："**人皆可为尧舜**"，这是符合儒家"性善论"的教育出发点的。也就是人人都可以教，从而鼓励人人向善，人人有所作为。行文至此，《弟子规》全文我们均已解读了一遍，它的可贵之处，我简单总结为以下五点：

第一，"性善论"的思想。性善论是儒家教育思想的出发点，因为人皆性善，所以人皆可教，人皆可为圣人，"**不自暴，不自弃，圣与贤，可驯致**"。

第二，不空谈。《弟子规》都聚焦于生活中实实在在的，可以做到的行为，如"**父母呼，应勿缓，父母命，行勿懒，父母教，须敬听，父母责，须顺承**"（"**入则孝**"）；"**长者立，幼勿坐，长者坐，命乃坐**"（"**出则悌**"）；"**晨必盥，兼漱口，便溺回，辄净手**"，"**将入门，问孰存，将上堂，声必扬**"（"**谨**"）。

第三，不讲高深的理论。《弟子规》所言都是生活中的小事情，却是大智慧，如"**见人善，即思齐，纵去远，以渐跻**"（"**信**"）；"**勿谄富，勿骄贫，勿厌故，勿喜新**"（"**泛爱众**"）；"**能亲仁，无限好，德日进，过日少**"（"**亲仁**"）。

第四，不虚妄。《弟子规》每一句话都是接地气的，而且是具体的规定，甚至规定得很细致，因此具有很强的操作性，如"**房室清，墙壁净，几案洁，笔砚正**"，"**列典籍，有定处，读看毕，还原处；虽有急，卷束齐，有缺损，就补之**"（"**余力学文**"）。

第五，强调"力行"，兼顾学文。所以"总叙"里说"**有余力，则学文**"。孔子说过"**力行而近乎仁**"体现的就是道德教育中必须重"力行"而非说教的思想。

附录:《弟子规》原文

总　叙

弟子规　圣人训　首孝悌　次谨信
泛爱众　而亲仁　有余力　则学文

入则孝

父母呼　应勿缓　父母命　行勿懒
父母教　须敬听　父母责　须顺承
冬则温　夏则清　晨则省　昏则定
出必告　反必面　居有常　业无变
事虽小　勿擅为　苟擅为　子道亏
物虽小　勿私藏　苟私藏　亲心伤
亲所好　力为具　亲所恶　谨为去
身有伤　贻亲忧　德有伤　贻亲羞
亲爱我　孝何难　亲憎我　孝方贤

亲有过　谏使更　怡吾色　柔吾声
谏不入　悦复谏　号泣随　挞无怨

亲有疾　药先尝　昼夜侍　不离床
丧三年　常悲咽　居处变　酒肉绝
丧尽礼　祭尽诚　事死者　如事生

出则悌

兄道友　弟道恭　兄弟睦　孝在中
财物轻　怨何生　言语忍　忿自泯
或饮食　或坐走　长者先　幼者后
长呼人　即代叫　人不在　己即到
称尊长　勿呼名　对尊长　勿见能
路遇长　疾趋揖　长无言　退恭立
骑下马　乘下车　过犹待　百步余
长者立　幼勿坐　长者坐　命乃坐
尊长前　声要低　低不闻　却非宜
进必趋　退必迟　问起对　视勿移
事诸父　如事父　事诸兄　如事兄

谨

朝起早　夜眠迟　老易至　惜此时
晨必盥　兼漱口　便溺回　辄净手

冠必正　纽必结　袜与履　俱紧切
置冠服　有定位　勿乱顿　致污秽
衣贵洁　不贵华　上循分　下称家
对饮食　勿拣择　食适可　勿过则
年方少　勿饮酒　饮酒醉　最为丑
步从容　立端正　揖深圆　拜恭敬
勿践阈　勿跛倚　勿箕踞　勿摇髀
缓揭帘　勿有声　宽转弯　勿触棱
执虚器　如执盈　入虚室　如有人
事勿忙　忙多错　勿畏难　勿轻略
斗闹场　绝勿近　邪僻事　绝勿问
将入门　问孰存　将上堂　声必扬
人问谁　对以名　吾与我　不分明
用人物　须明求　倘不问　即为偷
借人物　及时还　后有急　借不难

信

凡出言　信为先　诈与妄　奚可焉
话说多　不如少　惟其是　勿佞巧
奸巧语　秽污词　市井气　切戒之

见未真　勿轻言　知未的　勿轻传
事非宜　勿轻诺　苟轻诺　进退错
凡道字　重且舒　勿急疾　勿模糊

彼说长　此说短　不关己　莫闲管
见人善　即思齐　纵去远　以渐跻
见人恶　即内省　有则改　无加警
唯德学　唯才艺　不如人　当自砺
若衣服　若饮食　不如人　勿生戚
闻过怒　闻誉乐　损友来　益友却
闻誉恐　闻过欣　直谅士　渐相亲
无心非　名为错　有心非　名为恶
过能改　归于无　倘掩饰　增一辜

泛爱众

凡是人　皆须爱　天同覆　地同载
行高者　名自高　人所重　非貌高
才大者　望自大　人所服　非言大
己有能　勿自私　人所能　勿轻訾
勿谄富　勿骄贫　勿厌故　勿喜新

人不闲　勿事搅　人不安　勿话扰
人有短　切莫揭　人有私　切莫说
道人善　即是善　人知之　愈思勉
扬人恶　即是恶　疾之甚　祸且作
善相劝　德皆建　过不规　道两亏
凡取与　贵分晓　与宜多　取宜少
将加人　先问己　己不欲　即速已

恩欲报 怨欲忘 报怨短 报恩长
待婢仆 身贵端 虽贵端 慈而宽
势服人 心不然 理服人 方无言

亲 仁

同是人 类不齐 流俗众 仁者希
果仁者 人多畏 言不讳 色不媚
能亲仁 无限好 德日进 过日少
不亲仁 无限害 小人进 百事坏

余力学文

不力行 但学文 长浮华 成何人
但力行 不学文 任己见 昧理真

读书法 有三到 心眼口 信皆要
方读此 勿慕彼 此未终 彼勿起
宽为限 紧用功 工夫到 滞塞通
心有疑 随札记 就人问 求确义
房室清 墙壁净 几案洁 笔砚正
墨磨偏 心不端 字不敬 心先病
列典籍 有定处 读看毕 还原处
虽有急 卷束齐 有缺坏 就补之
非圣书 屏勿视 蔽聪明 坏心志
勿自暴 勿自弃 圣与贤 可驯致

后　　记

行文至此，凌晨五点。经过近19天的奋战——熬夜、加班加点——终于把《弟子规》解读的文稿写出来了，欣慰。

为何会有解读《弟子规》的想法呢？原因有四：

第一，自己本身非常热爱并重视中华优秀传统文化的继承和发扬。我常常研读儒家经典。《弟子规》是中华优秀传统文化的瑰宝，通俗易懂，小到垂髫孩童，大到耄耋老者，只要认识字都可以拿来反复研读、仔细体会、深切领悟，这对于良好行为习惯和德性的培养都会大有裨益。

第二，得益于妻子的启发。我常与妻子交流国学，她也很喜欢听我讲。受我影响，她觉得国学博大精深，充满智慧，遂对中华文化经典的热情倍增。受其热情感染，加之《弟子规》意蕴深厚却篇幅短小，解读工作量不大，我遂起意，妻子也非常支持我。

第三，云南省屏边县图书馆邀请我做一个有关家庭教育的公益讲座，我思虑再三，定主题为《〈弟子规〉的家庭教育智慧——兼谈现代家教的失落与回归》，为讲好这一主题，我勤加研读《弟子规》，解读的想法也愈加明确了。

第四，对现有《弟子规》翻译和解读的文本不太满意。现有文本不少或存在翻译上的疏漏，或不符合儒家思想本意，或阐发有失严谨。故而萌生解读之意。

本书稿 2018 年初成，5 年间数次补充完善和修订。2023 年进行了较为系统的校对和修订，以脚注方式补充了引用的文字出处，再次润色了文字，补充了一些案例。今有机缘，文稿得以付梓，以飨读者，幸甚！感谢红河学院和上海社会科学院出版社的鼎力支持。本人才疏学浅，贻笑大方处，望方家不吝赐教，不胜感激！

2023 年 8 月 6 日，于蒙自